Thorsten Schmidt
Jürgen Korsch

DER BROCKEN

Berg zwischen Natur und Technik

Schmidt BUCH

Inhalt

Pilgerstätte für Millionen

Wie kein anderer Berg zieht der Brocken die Menschen an. Der bucklige Gipfel im Harz ist im Laufe der Zeit zur Pilgerstätte für Millionen geworden. Jährlich rund zwei Millionen Touristen und Einheimische besteigen die 1 141 Meter hohe, abgerundete Kuppe, die ausladend über dem Harz thront und an klaren Tagen schon aus weiter Ferne sichtbar ist. Am markantesten erscheinen die rot-weiß gestreifte Fernsehantenne und die kantige achtstöckige Brockenherberge. Je nachdem, von wo man hinaufblickt, sind auch die Wetterstation und das Nationalparkhaus, das mit seiner halbrunden Kuppel an eine Moschee erinnert, zu sehen. Verborgen bleibt jedoch der höchste Punkt. Die etwa drei Meter hohe Gipfelklippe eröffnet sich dem Wanderer erst, wenn er den Aufstieg geschafft hat.

Vom August 1961 bis zum Dezember 1989 war der Brocken tabu. In der Sperrzone der innerdeutschen Grenze gelegen, kamen nur noch wenige ausgewählte Besucher hinauf. Erst 1990 wandelte sich das Bild auf dem Brocken wieder, als sich die Bergkuppe erneut für Besucher öffnete. Der Strom der Wanderer und Brockentouristen riss auch in den nachfolgenden Jahren nicht ab und ist bis heute nahezu gleich stark geblieben. Fast scheint es so, als müsse jeder Harzreisende mindestens einmal auch auf dem Brocken gewesen sein.

Die Faszination dieses Berges hat viele Seiten. Für Naturbegeisterte ist es vor allem die Flora und Fauna sowie die Gesteinswelt. Man wandert auf dem Weg zum Gipfel durch drei Vegetationszonen. Sind es unten bei Schierke, Torfhaus oder Ilsenburg noch dichte Fichten- und Buchenwälder, durch die der Wanderer den Harzer Nationalpark betritt, so wird die Vegetation nach oben hin deutlich ärmer. Man erreicht die natürliche Baumgrenze bei rund 1000 Metern Höhe und findet auf dem Gipfel in rauher Bergwelt schließlich eine subalpine Mattenvegetation vor. Seltene, zum Teil vom Aussterben bedrohte feine Moose und Flechten wachsen auf den Granitfelsen. Und wer zur rechten Zeit (meist im Mai) kommt, erlebt die Blüte der Brockenanemone, die heute wieder zu Hunderten auf dem kahlen Gipfel wächst. Wegen seiner Granite gehört der Brocken zum „Geopark Harz“.

Einmalig am Brocken ist auch seine Lage, die gleichzeitig ein ungewöhnliches Klima bewirkt. Zwischen den flachen Küstenregionen im Norden und dem Thüringer Wald im Süden erhebt sich der Brocken als höchster Berg. Seinen Gipfel umwehen rauhe Winde, die Temperaturen dort oben liegen oftmals um fünf bis zehn Grad unter denen im Tal.

Das Klima insgesamt lässt sich mit dem der Insel Island vergleichen. Schnee fällt oft schon im September und dann meist bis in den April hinein. Der Sommer gibt nur ein kurzes Gastspiel. Meterhohe Schneeverwehungen oder mit Eiskristallen überzuckerte Gebäude sind keine Seltenheit. An rund 300 Tagen im Jahr ist der Gipfel zeitweise von Wolken eingehüllt – Nebel wallen. Klart es danach auf und die Luft ist rein, besticht der Berggipfel mit atemberaubenden Weitblicken.

In der Geschichtsschreibung nimmt der Brocken ebenfalls einen besonderen Platz ein. Für viele ist er „Der Berg der Deutschen“. Die Harzer, die jahrelang links und rechts von ihm gewohnt haben und nur sehnsuchtsvoll zum „Vater Brocken“ hinaufschauen konnten, interpretieren den Berg als Symbol der Freiheit. Die Ereignisse der politischen Wende 1989 und der Wiedervereinigung 1990, die zu einer Aufbruchstimmung in ganz Deutschland führten, sind hier oben noch immer spürbar – deutlicher als in Berlin oder an anderen Teilen der ehemaligen Grenze, was an der Abgeschiedenheit des Berges liegen mag. Am 3. Oktober und am 3. Dezember jeden Jahres treffen sich auf dem Berg Wanderer aus Ost und West – dann wird der Geist der Wiedervereinigung spürbar und lebendig.

Nicht zuletzt weckt die Mystik um Hexen- und Teufelskult die Neugierde. Zwar gestaltet sich heute die Walpurgisnacht auf dem Brocken, von Goethe im Faust einst als lüsterne Orgie beschrieben, zum touristischen Massenspektakel, das in vielen Orten unterhalb des Berges stattfindet, aber sie bleibt geheimnisumwittert.

Zahlreiche Dichter haben den Brocken erwandert und beschrieben, viele Maler haben ihn gemalt. Und schließlich nutzen ihn Politiker aller Couleur heute als Plattform. Aber auch der einfache Wanderer findet hier immer noch einen ruhigen Platz zum Rasten. Der Brocken mit seinen 1 141 Metern ist im Vergleich zu den Alpen oder anderen Bergen eigentlich nicht sonderlich hoch – doch er ist ein faszinierendes Stück Erde.

Menschen aus nah und fern pilgern auf den höchsten Harzgipfel

Entstehung des Brockenmassivs

Vor 360 Millionen Jahren bestand zwischen dem heutigen skandinavischen und dem sächsisch-böhmischen Festland ein Ozean. In diese, von Salzwasser geflutete Bodensenke gelangten mit den Bächen und Flüssen des Festlands Schutt und Geröll und lagerten sich auf dem Meeresgrund ab.

Im Verlauf von Millionen Jahren wuchs auf diese Weise eine viele tausend Meter mächtige Ablagerungsschicht heran. Mit ihrem enormen Gewicht übte sie einen beständig steigenden Druck auf die Erdkruste aus. Schließlich gab diese nach, woran ebenso die starken Bewegungen der Kontinentalplatten Schuld waren.

Große Teile der Gesteinsablagerungen rutschten ins Erdinnere hinab und gelangten bis zu 15 000 Meter tief in einen Bereich, wo sich die Erde mit etwa 900 Grad Celsius noch heute wenig einladend gibt. Diese ungeheure Hitze schmolz sehr bald das eingedrungene harte und schroffe Gestein zu einer zähen, willfährigen Masse. Etwa 70 Millionen Jahre später bewegte sich das Magma langsam nach oben bis es knapp unter der Erdoberfläche abkühlte und aushärtete. Der Abkühlungsprozess dauerte etwa zehn Millionen Jahre.

Die über der erst geschmolzenen, dann wieder erkalteten Magmamasse liegende und relativ dünne Erdkruste (nur 2 000 Meter stark!) verhärtete sich zu einer widerstandsfähigen Hornfelsschicht. Diese schützte nun das darunter entstandene Gebirge, das sich durch den vorangegangenen Schmelzprozess aus Granit gebildet hatte. Die Härte und Widerstandskraft, die man ihm nachsagt, besitzt Granit nämlich nicht. Hauptsächlich aus Feldspat, Quarz und Glimmer bestehend, ist er beispielsweise bei ständiger Wassereinwirkung leicht abtragbar.

Nach und nach brach das schützende Hornfelsdach auf. Vor 40 Millionen Jahren war dann auch das Tiefengestein Granit freigelegt. In der verbleibenden Zeit gaben Wind und Wetter dem Brockengebirge den letzten Schliff, bis alles endlich so aussah, wie wir es heute bewundern.

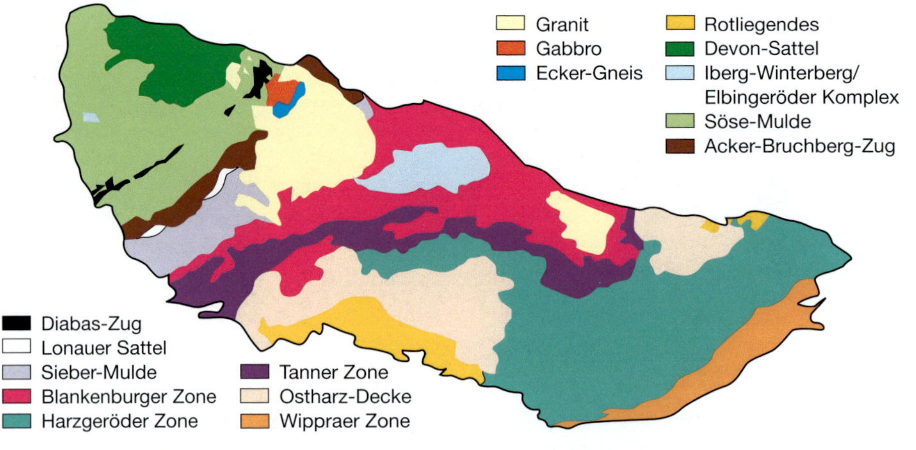

Geologische Übersichtskarte des Harzes

Woher der Name kommt

Im Laufe der Jahre und Jahrhunderte sind viele Varianten über die Namensherkunft „Brocken“ entstanden, die bis heute von den unterschiedlichen Autoren auch meist unterschiedlich interpretiert werden.

So schreibt Eduard Jacobs, Gräflicher Bibliothekar in Wernigerode, dass bereits im 15. Jahrhundert die Bezeichnungen Broken und Brockenberg auftauchen. Die zweite Nachricht stammt aus Erfurt, wo 1456 in lateinischer Sprache die Schrift „De origine Saxorum“ veröffentlicht wurde. Darin sei von einem nahe bei Wernigerode gelegenen Montes Brockensberg die Rede, der eine Quelle auf seinem Gipfel habe. Die Bemerkung von der Quelle ist verschiedenen Historikern Nachweis genug, die erste Brockenbesteigung schon ins 15. Jahrhundert zu datieren. Gerhard Eckert, Autor von „Der Brocken – Berg in Deutschland“ (1990), meldet Bedenken an. Angesichts der Bäche ringsum brauche man „wenig Phantasie, um ihren Ursprung auf dem Brocken zu vermuten.“ Fakt bleibt, dass auf dem Brocken tatsächlich nur eine Quelle existierte, die inzwischen versiegt ist.

Urkundlich erwähnt wird der 1 141 Meter hohe Koloss zum ersten Mal in einem Brief aus dem Jahre 1490. Sein Verfasser, Graf Heinrich zu Stolberg-Wernigerode, schreibt hier von „de gantze Brackenberg“. Davon lässt sich bereits die nächste Variante zur Entstehung des Namens Brocken ableiten, denn als Bracken bezeichnete man seinerzeit „abgestandene, zu Nutzholz untaugende Bäume, wie sie, von Sturm und Wetter übereinandergeworfen, auf dem früher kaum erreichbaren Gipfel in solchen Mengen lagerten, dass Augenzeugen um die Mitte des 17. Jahrhunderts diese Erscheinung besonders hervorhoben“ (Jacobs).

Dr. Georg von Gynz-Rekowski erklärt diese Variante in seinem 1991 erschienenen Buch „Brocken“ ähnlich. Er verwendet für Bracken das Synonym Wrack, was für „abgestandenes, zur Nutzung untaugliches Holz“ stehe. Daraus jedoch den Beweis für eine Verbindung zum Brocken abzuleiten, fällt dem Historiker schwer: „Sollten damit die unter dem Brockengipfel abgestorbenen, zu Krüppelfichten verkümmerten Bäume gemeint sein?“

Die deutsche Sprache enthielt im Mittelalter manche Bezeichnungen, die inzwischen nicht mal mehr bekannt sind, geschweige denn gebraucht werden. Lediglich in überlieferten Eigennamen kommt heute noch das für Moor stehende Wort Bruch vor. Da der Brocken seit Jahrhunderten zahlreiche Brüche (also Moore) besitzt, könnte der heutige Name daher stammen – zumal früher auch die Schreibweisen Bruoch und Brok üblich waren. Brocken könnte aber genauso gut im Sinne von Brechen verstanden werden, der „aufgebrochene Berg“ also. Schließlich umgeben Felsbrocken (Reste der Hornfelsschicht) die frei liegende Granitkuppe. Lateinische Schriften des 15. und 16. Jahrhunderts sollen sogar die Bezeichnung mons ruptus für den Brocken enthalten.

In der von Menschen aufgezeichneten Geschichte erscheinen Schreibweisen wie Broken, Brockenberg, Brocberg, Brockenberch sowie Brochelsberg. Man nennt ihn Bloicksberg, Blokkesberg und Bloks-Berg. Der Name Blocksberg – ursprünglich in Sagen und Märchen die Bezeichnung besonders geheimnisumwitterter Gipfel als Treffpunkt für allerhand Unholde – wird dem rauhen Gesellen schließlich zum Pseudonym. Vor allem in der Literatur bedient man sich vornehmlich dieses Namens und meint damit nicht die anderen, früher ebenso bekannten Blocksberge in Deutschland, wie den Kandel im Schwarzwald und den Hörselberg im Thüringer Wald.

Natur im Urzustand

Auf dem Brocken sei kein Vogellaut zu hören. Diese Behauptung kann man in der Brockenliteratur ab und an lesen. Aber sie ist falsch. Freilich bietet die unwirtliche Brockenkuppe für Warmblüter und andere anspruchsvolle Lebewesen keine idealen Bedingungen, doch so mörderisch, dass sich hierher kein gefiederter Flieger verirren würde, gibt sich Vater Brocken nun auch wieder nicht.

Im späten Frühjahr und im Sommer können aufmerksame Beobachter mit viel Geduld und etwas Glück eine Vogelart bestimmt hören und vielleicht auch sehen: die Ringdrossel. Im engeren Gebiet rings um das Brockenplateau hat eine kleine Population des seltenen Vogels überlebt. Zum Teil brüten die Tiere sogar unmittelbar auf der Brockenkuppe.

Tierwelt

Zu dem, was direkt auf der Kuppe so kreucht und fleucht, gehören ansonsten vor allem verschiedene Libellenarten und Heuschrecken. Die meisten auf dem Gipfel vorkommenden Tierarten erhielten von den Zoologen den Stempel „arktisch-alpin".

In den 1990er Jahren versuchte man im Brockengebiet das Auerhuhn auszuwildern. In Lonau hatte man bereits 1978 damit begonnen, Auerhühner zu züchten und auf ihr Leben in der Wildnis vorzubereiten. Nach der Wende wurde dieses Projekt auf das Brockengebiet ausgedehnt. Hier waren die Tiere einige Zeit die Attraktion auf der Brockenstraße, wo sie sich den Wanderern dicht näherten und um Futter bettelten. Trotz jahrelanger intensiver Bemühungen ist es nicht gelungen, eine stabile Population zu bilden. Das Auswilderungsprojekt Auerhuhn wurde deshalb vor ein paar Jahren beendet. Heute kann man bei Lonau in einem großen Gehege noch Auerhühner bestaunen.

Da natürliche Feinde fehlen, musste der Bestand an Reh- und Rotwild in den vergangenen Jahren durch Jagden auf ein verträgliches Maß reduziert werden. Dies geschieht nur an wenigen Tagen im Jahr, damit die Tiere nicht zu lange beunruhigt werden. Ging man noch 2006 davon aus, später auf die Jagd im Nationalpark verzichten zu können, hat sich inzwischen das Halali, wie in allen anderen Nationalparks Deutschlands, als feste Institution etabliert. Allerdings handelt es sich hierbei um keine Trophäenjagd, sondern ausschließlich um ein Mittel zur Bestandsregulierung.

Diese Funktion hat zum Teil in den dichten Wäldern des Nationalparks wieder der Nordluchs übernommen. In einem Auswilderungsprogramm sind in der Zeit von 2000 bis 2005 bereits 22 Luchse in die freie Natur entlassen worden. Seit 2002 wurden in jedem Sommer frei geborene Jungluchse in den Harzer Wäldern beobachtet. Allerdings starben bis 2005 mindestens acht Luchse. Unter anderem um diese Verluste auszugleichen, wurden 2006 zwei weitere Luchsdamen ausgewildert. Nun gehen die Forscher davon aus, dass sich der Bestand allein weiter entwickelt. Zwar gab es jedes Jahr weitere Todesfälle – allein vier Luchse wurden 2008 von Autos oder Zügen überfahren – doch konnten andererseits bis 2011 mehr als 90 in der Wildnis geborene Jungtiere nachgewiesen werden.

Da den im Verborgenen lebenden Luchs kaum jemand zu Gesicht bekommt, wurde an den Rabenklippen bei Bad Harzburg ein Luchsschaugehege eingerichtet. Hier können die beiden Luchse Pamina und Tamino beobachtet werden, wie sie auf Bäume klettern oder durch ihr Revier streichen. Eine Attraktion sind die öffentlichen Luchsfütte-

Rechts: Urwald an der Heinrichshöhe

Ausgewilderte Luchse

rungen, zu denen immer viele Schaulustige von Bad Harzburg aus wandern.

Auch die Wildkatze lebt am unteren Rand des Brocken und in der näheren Umgebung, wie beispielsweise auf dem Renneckenberg. Der Bestand kann aufgrund der heimlichen Lebensweise der Tiere schwer ermittelt werden, gilt aber deutschlandweit als der stabilste und wird auf etwa 500 Exemplare im ganzen Harz geschätzt.

Dagegen wird es Bären und Wölfe wohl nicht mehr in den Wäldern geben. Sie sind schon vor langer Zeit ausgerottet worden. Braunbären waren noch im 16. Jahrhundert im weiteren Brockengebiet häufig anzutreffen und beliebte Jagdbeute feudaler Obrigkeit. Als begehrteste Trophäe galt der wertvolle Pelz, der sich zu prunkvollen Mänteln verarbeiten ließ. Meister Petz ging es zuerst an den Kragen. 1705 soll der letzte seiner Art am Brocken erlegt worden sein. Der letzte Wolf des Brocken starb 1798 als gräfliches Jagdopfer, und der vorläufig letzte Luchs wurde 1817 bei Wernigerode erlegt. Zu den sogenannten Raubtieren des Brockengebietes zählen heute noch der Dachs und verschiedene Marderarten.

Etwas häufiger ist unterhalb des Gipfels der Wiesenpieper zu beobachten, ein Singvogel, den man hier Brockenlerche nennt. Mit etwas Glück kann man Gebirgs- und Bachstelze, Tannenhäher oder auch kleine Eulenarten sehen.

Pflanzenwelt

Zu den großen Besonderheiten in der Pflanzenwelt des Brocken gehören zweifelsohne die bodenständigen Fichten, eine durch extreme Witterungseinflüsse entstandene Spezies dieser bekannten Baumart, die sich erstaunlich originell auf die schwierigen Bedingungen eingestellt hat. Diese Spezial-Fichten sind wesentlich schlanker gebaut und mit relativ steil herabhängenden Ästen versehen, auf denen der Schnee kaum Halt findet. Somit kann das sonst schnell anwachsende Eisgewicht die Äste nicht vom Stamm reißen. Schneebruch ist auf ein verträgliches Minimum reduziert. In etwas tieferen Lagen finden sich außerdem Eberesche, Birke und – gleichsam als Besonderheit – die Karpatenbirke, eine Subspezies der Moorbirke. Noch weiter unterhalb des Brockengipfels, ab 800 Metern abwärts, trifft der wachsame Botaniker noch auf Bergahorn, Zitterpappel und verschiedene Weidenarten sowie unterhalb 500 Metern auf die Eiche.

In der Kernzone des Nationalparks, ein strenges Reservat um Königsberg, Kleinem Brocken und Heinrichshöhe, offenbart sich das Brockengebirge noch weitestgehend in seiner für viele Menschen unheimlichen Urwüchsigkeit. Das Betreten dieser Gebiete ist strengstens verboten. Hier richtet nämlich schon der ganz vorsichtige Wanderer allein durch sein Körpergewicht enormen Schaden an. So gelten beispielsweise die mit einem dünnen Moosteppich überzogenen granitenen Blockhalden, auf denen außerdem Flechten, Heidekraut sowie Blau- und Preißelbeersträucher gedeihen, als besonders trittempfindlich. Viele dieser Moose und Flechten sind akut vom Aussterben bedroht; einige von ihnen findet man an keinem anderen Flecken Deutschlands wieder. Ebenfalls nicht trittfest ist der Übergang vom Moor zum Fichtenholzbestand. Hier würden die Torfmoose zerstört werden.

Seit Anfang 2012 ist wissenschaftlich nachgewiesen, was schon längst vermutet wurde: Die Baumgrenze unterhalb der Brockenkuppe ist nicht wie vielerorts sonst von Menschen verursacht, sondern klimatisch bedingt und damit natürlichen Ursprungs. Dies wiesen Wissenschaftler der Universität Göttingen jetzt auf der Grundlage eigener und weltweiter Langzeitstudien nach.

Hochmoore

Die ältesten Brockenmoore, wie beispielsweise das zwischen Heinrichshöhe und Brocken, begannen vor etwa 8 000 bis 10 000 Jahren langsam zu entstehen. Die Eiszeit war gerade zu Ende gegangen und hatte eine baumlose karge Tundra hinterlassen, in der sich vorerst lediglich anspruchslose, niedere Pflanzen behaupten konnten. Sowohl größere Niederschlagsmengen als auch die zusätzlichen Wasser des tauenden Eispanzerrestes auf dem Brocken begünstigten die Entstehung der sagenumwobenen Moore. Besonders an Hängen und Senken bildeten sich bereits nach wenigen (meist drei oder vier) Jahren die ersten Torfmoose, die übrigens ein ganz merkwürdiges Wachstumsschema vorweisen. Ähnlich wie im Tierreich bei den Korallen stirbt hier der untere Teil der Pflanze kontinuierlich ab, während der obere stetig nachwächst. Dabei ist das Moospflänzchen von der sonst lebensnotwendigen Erde mit ihren Nährstoffen völlig unabhängig, lebt nur vom Regenwasser. Niederschlagsmengen von 800 bis 1000 ml pro Jahr sind deshalb für das prächtige Gedeihen des Torfmooses unabdingbar. Durch das stetige Von-unten-nach-oben-Wachsen der Moose entsteht über hunderte und tausende Jahre hinweg eine Torfschicht aus totem Moos.

Die irreführende Bezeichnung „Hochmoor“ hat nichts mit der topographischen Höhe des Moores über Normalnull, sondern mit dessen Mächtigkeit zu tun. Obgleich Hochmoore in Gebirgen besonders häufig vorkommen, findet man sie durchaus auch im Tiefland, wie beispielsweise im schwäbischen Wurzacher Ried. Im Gegensatz zu Hochmooren entstehen Niedermoore durch Feuchtigkeit, die von der Erdoberfläche ins Innere eindringt und dabei den Boden aufweicht, also morastig macht.

Schwarzes Schluftwasser

Zur Zeit wachsen die Moore am Brocken nicht. Selbst in dieser regenreichen Gegend ist es während der zurückliegenden Jahre für ein prächtiges Gedeihen von Torfmoosen zu trocken gewesen. Und wenn es regnete, war meist der Stickstoffgehalt des Regenwassers zu hoch. Dies bekommt zwar den Gräsern gut, stört aber die Moose. Allein durch den stickstoffübersättigten Regen der jüngeren Vergangenheit hat sich im Brockenurwald einiges gewaltsam verändert. Ein Beispiel ist die Entstehung des sogenannten Reitgrasfichtenwaldes, einem Mischgebilde aus wucherndem Gras und sterbendem Wald. Der überhöhte Stickstoffgehalt von Regen und Luft führte zur Versauerung des Waldbodens, wodurch die Fichten ihre Nadeln fallen ließen. Dadurch drang ungewöhnlich fiel Licht auf den Boden, das die dortigen Pflanzen, insbesondere die resistenten Grase, zu besonders munterer Photosynthese anregte.

Brockengarten

Hermann Löns war begeistert. Genau dort, wo man am wenigsten Pflanzen vermutete, traf man sie an: direkt auf der unwirtlichen Brockenkuppe, und zwar im alpinen Brockengarten. Bei den vielen Wanderungen auf den berühmten Berg während seines Wernigerode-Urlaubs 1907 sah er sich voller Bewunderung in der kleinen Anlage um. Wieder in den heimatlichen Redaktionsstuben setzte er sich öffentlich für den Erhalt dieser hauptsächlich von staatlichen Zuschüssen getragenen Einrichtung moderner botanischer Forschung ein.

Zu diesem Zeitpunkt war der Brockengarten längst nicht mehr neu. Bereits in den 80er Jahren des 19. Jahrhunderts erkannte der Göttinger Professor Dr. Albert Peter die besonderen klimatischen Bedingungen des Brocken als ideale Voraussetzung für einen alpinen Versuchsgarten. Der höchste Harzgipfel liegt so frei im Norden Deutschlands, dass er besonders schutzlos den heftigen Westwinden ebenso wie allen anderen Unwettern ausgesetzt ist. Experten vergleichen die klimatischen Verhältnisse auf dem Brocken (1 141 m) mit 1 700 bis 1 800 Meter hohen Bergen mitten in den Schweizer Alpen. Das ungewöhnlich rauhe Klima auf dem Harzgipfel lässt auch nur ungewöhnlich widerstandsfähige Pflanzen zu. So passiert der Wanderer hier eben schon bei etwa 1 100 Metern die Baumgrenze, was in den Alpen erst in wesentlich höheren Lagen geschieht.

Vom Anlegen eines botanischen Versuchsgartens versprach sich der Wissenschaftler der Universität Göttingen, mehr über die Geschichte und die Ökologie der Pflanzen zu erfahren. Dies sollte über den Umweg der Erforschung der Anpassungsfähigkeit von Alpenpflanzen an die Bedingungen auf dem Brocken geschehen. Am 8. Juni 1890 war es so weit: Der Brockengarten wurde eröffnet.

Von Anbeginn wollte Professor Peter in dem kleinen Terrain gleich neben dem heutigen Standort der Wetterwarte nicht nur klammheimlich forschen, sondern auch den Brockenbesuchern die Schönheit der alpinen Pflanzenwelt näherbringen. So konnten Naturliebhaber, wie beispielsweise Hermann Löns, hier ihre Leidenschaft ausleben. Allerdings verlief dies bis 1911 nicht ganz unbürokratisch, denn erst seit jenem Jahr waren für den Brockengarten Eintrittspreise und Öffnungszeiten festgelegt. Jeweils vom 1. Juni bis 31. August stand die Freiluft-Gewächsanlage jedermann offen.

Der Erfolg des Versuchsgartens auf dem Brocken sprach sich in ganz Europa herum, sodass es sehr bald ähnliche Anlagen unter anderem in der Schweiz, in Frankreich,

Italien, Österreich und Deutschland gab. Dennoch zeigten nicht alle Staatsdiener gleiches Verständnis für die kostspielige Pflanzensammlung auf dem Brocken und geizten mit den nötigen Geldern. So sahen die wohl behüteten Pflänzchen auch mehrere schlechte Zeiten – die jüngste und längste Periode währte von 1971 bis 1989.

Die Folgen waren nicht zu übersehen. Vom ursprünglichen, zu Versuchszwecken künstlich angesiedelten Pflanzenbestand war fast nichts übrig geblieben, da sich die bodenständige Vegetation ihr ehemaliges Terrain zurückerobert hatte. Nur ein schwacher Trost blieb das Bemühen der Martin-Luther-Universität Halle und der ehemaligen Kreisnaturschutzverwaltung Wernigerode, trotz Sperrgebiet und Kaltem Krieg die botanischen Versuche auf den Zeterklippen (929 m), gegenüber dem Brocken, weiterzuführen.

Die Stunde der Wiedergeburt kam für den Brockengarten am 9. Juni 1989. Zu einer Arbeitsberatung trafen sich Vertreter der Martin-Luther-Universität Halle, der Georg-August-Universität Göttingen und des Staatlichen Forstbetriebes Wernigerode. Schon bald darauf brachten die neuen Betreiber die Beete in Ordnung, da unbedingt zum 100. Geburtstag der Anlage ein blühender Garten einladen sollte.

Mittlerweile lassen sich hier im Frühjahr

Von Mai bis Oktober können sich Besucher durch den Brockengarten schlängeln

Alpenmohn im Brockengarten

und Sommer wieder Einköpfiges Ferkelkraut, Rispiger Steinbrech, Primelartiger Mannsschild und die Herzblättrige Kugelblume bewundern. Diejenigen, denen diese speziellen Arten zu speziell sind, können sich auch ganz trivial an Wegerich, Edelweiß und Enzian erfreuen.

Nur etwa einhundert der besonders robusten Pflanzenarten hatten die Zeit ohne Pflege im Brockengarten überstanden. Heute zählt der Garten nach intensiver Hege rund 1 800 verschiedene Arten von Hochgebirgspflanzen aus aller Welt. Viele von ihnen stehen unter strengem Schutz. Der Garten ist außerdem zu einer Touristenattraktion geworden. Regelmäßig von Mai bis Oktober bieten die fachkundigen „Brockengärtner" Führungen an. In den steinigen Beeten gedeihen Pflanzen der Alpen, des Kaukasus oder des Himalaja und ebenso unscheinbare Arten aus den Hochgebirgen Nordamerikas oder aus arktischen Regionen sowie die Brockenanemone.

Für das Wachsen und Werden des Brockengartens sorgen seit 1992 Mitarbeiter des Nationalparks. Die Arbeit im Brockengarten ist mühselig. Wenn der letzte Schnee verschwunden ist und das Wetter es zulässt – meist Ende April – steht der Frühjahrsputz auf dem Plan. Die Pflanzen müssen begutachtet, eventuell entfernt werden, falls sie den Winter nicht überstanden haben. Neue Beete werden angelegt. Ab Juni ist im Brockengarten Pflanzzeit, später werden Samen für die Nachzucht gesammelt. Und zum Oktober endet bereits das Gartenjahr auf dem Berggipfel.

Die bekannteste Brockenpflanze, die Anemone, blüht von Anfang Mai bis Anfang Juni. Im Nationalpark läuft ein Langzeitprogramm zur Wiederansiedlung der Brockenanemone. Schon heute findet man sie nicht nur im Garten, sondern auf der gesamten Kuppe vor.

Die Brockenanemone

„Wehe aber dem Unglücklichen, welcher von einem Schneesturme in einiger Entfernung vom Brockenhause überrascht wird; wie glühende Nadeln wird ihm der sturmgepeitschte Schnee in das Gesicht geschleudert, ihm das Sehen unmöglich machend und das Atmen erschwerend. Dazu durchschneidet der eisige, rasende Sturm sein Gebein, ihm das Blut bis in das innerste Mark erstarrend und seine Willenskraft lähmend; es sind nicht wenige Fälle constatiert, wo furchtlose Bergsteiger nur mit knapper Noth dem jämmerlichen Verderben entronnen sind."

Solch ein Schneesturm, wie ihn hier der Magdeburger Meteorologe Dr. R. Aßmann 1884 in seinen „Winterbilder(n) vom Brocken" schildert, kann den ahnungslosen Wanderer auch heute noch überraschen und auf den unwirtlichen Berg fürchterlich schimpfen lassen.

Die Wetterstation

Die Extreme und Besonderheiten des Wetters auf dem Brocken waren schon sehr früh Anlass, auf dem Gipfel das Wetter regelmäßig zu beobachten und die Werte und Daten sorgfältig zu registrieren. Die ersten stündlich gemessenen Barometerwerte wurden vermutlich 1820 zu Papier gebracht. Ab 1836 meldete Brockenwirt Carl Eduard Nehse sowohl die Temperaturwerte als auch die von ihm beobachteten Wetterbesonderheiten an zwei Braunschweiger Wissenschaftler, die ihn um diesen Freundschaftsdienst gebeten hatten. Über Jahre kamen so die ersten wirklich kontinuierlichen Aufzeichnungen zustande.

Durch die Ergebnisse dieser mehr oder weniger privaten Aktion der beiden Meteorologen aufmerksam geworden, erkannte schließlich auch das zentrale Preußische Meteorologische Institut den Wert solcher Notizen und erteilte Nehse 1847 offiziell den Auftrag, Werte und beobachtete Besonderheiten zu registrieren. Drei Jahre später begann Emanuel Köhler seine Arbeit als Brockenwirt und übernahm das unbequeme Zusatzgeschäft, zu dem ja nicht nur das häufige Ablesen des Luftdrucks am Barometer gehörte, das warm und trocken an einem Fensterrahmen im Speisesaal hing. Schneehöhe und Außentemperatur mussten ebenso ermittelt werden, was bei Sturm und eisiger Kälte niemanden wirklich begeisterte.

Und dann platschte auch noch ein riesiger Wermutstropfen ins Hoffnungsglas der Wissenschaftler: Die ersehnte Verbesserung der Wettervorhersagen blieb aus. Man hatte angenommen, die Vorgänge in der Atmosphäre durch die Höhenmessungen exakter erfassen und so statt der vagen, endlich genaue und zuverlässige Prognosen geben zu können. Enttäuschend war außerdem die Ungenauigkeit vieler Daten, vor allem die der Schneehöhe. Im teuflischen Verbund mit starkem Sturm trieb die weiße Pracht übermütig ihren Schabernack mit dem Freizeitmeteorologen Köhler. So wirbelte der Wind den Neuschnee ständig wieder auf und wehte ihn mal in die Messbehälter hinein, mal aus den Messbehältern heraus. Köhler stellte 1859 seine Beobachtungen ein.

Zu Beginn der 80er Jahre des 19. Jahrhunderts machte sich der Leiter der Magdeburger Wetterwarte Dr. R. Aßmann bei den zuständigen staatlichen Stellen unbeliebt. Er forderte die Einrichtung einer festen meteorologischen Station auf dem Brocken und ließ jedem abgelehnten Antrag einen neuen folgen. Auf diese Weise erreichte er immerhin, dass die regelmäßigen Wetterbeobachtungen auf dem Brocken 1882 ihre Fortführung fanden. Im Sommer war dafür ein Postgehilfe und im Winter ein Mitarbeiter des Brockengasthauses zuständig.

Dass sich die Wettervorhersagen mit den Werten vom Brocken kaum verbessern ließen, hatte Aßmann eingesehen. Dennoch

Wetterwarte (1997)

blieb er von der großen Bedeutung der Daten für die Meteorologie insgesamt überzeugt. 1895 gelang es Aßmann, der öffentlichen Hand für den Bau eines Observatoriums auf dem Brocken 4 200 Mark zu entlocken. Jedoch ließ sich mit dieser geringen Summe auch weiland kein Haus bauen. So kratzte Aßmann noch fleißig Spendengelder aus privaten Gönner-Töpfen zusammen, bis das lang ersehnte Projekt finanziell auf sicheren Beinen stand.

Die Bauarbeiten gingen schnell voran. Turmförmig aus Holz errichtet, schloss sich das neue Gebäude an das Brockengasthaus an. Für den jeweiligen Wetterfrosch gab es im Erdgeschoss ein Wohnzimmer, darüber befand sich das „Gelehrtenzimmer" und im dritten Stockwerk das Beobachtungs- und Instrumentenzimmer. Hier fand man für den damaligen Stand der Wissenschaft moderne Geräte mit heute noch den Laien verblüffenden Namen vor: Aneroidbarograph, Aspirationspsychrometer und Meteoroskop. Wolkenspiegel und Sonnenscheinautograph ergänzten die technische Ausstattung. Am 1. Oktober 1895 weihte Dr. R. Aßmann das Brockenobservatorium ein.

Der erste Angestellte im neuen Haus blieb allerdings nicht lange. Eigentlich war Ludwig Koch nämlich nicht für Sturm und Schnee, sondern für den reibungslosen Versand der Post zuständig. Die Wetterbeobachtungen und Messungen betrachtete er als lukrativen Nebenjob. Doch bei einer Flut von insgesamt 141 311 Postsendungen im Jahre 1895 kam der zuverlässige Diener zweier Herren sehr schnell ins Schwimmen und kündigte nach einem Jahr im Observatorium. Man fand bald Ersatz.

Viel größere Sorgen bereitete hingegen das rauhe Klima. Es hatte schon nach wenigen Jahren der hölzernen Station übel mitgespielt. Das 1909 beantragte Geld für einen Umbau genehmigten die Behörden erst 1912 – länger hätte man angesichts des desolaten Bauzustands des Observatoriums auch nicht mehr warten dürfen. Bereits 1913 stand ein neuer Steinbau in der Rohfassung. Der Ausbau zog sich noch ein weiteres Jahr hin.

Die neue Wetterwarte erwies sich als ein Gewinn für alle Beteiligten. Küche, Vorratsräume, Speisekammer und ein Badezimmer gehörten diesmal zur Einrichtung. Eine Fotodunkelkammer verbesserte die Arbeitsbedingungen und ermöglichte die aktuelle Auswertung der Daten. Aber perfekt war diese Fassung der Wetterwarte auch nicht. Durch die Fugen des steinernen Mauerwerks pfiff der Wind und rann der Regen. 1918/19 brachte man deshalb am oberen Teil des Gebäudes eine Holzverschalung an und installierte außerdem eine moderne Zentralheizung. Kaum schienen die Probleme gelöst zu sein, geschah das Unglaubliche: Die Reichspost errichtete 1937 direkt neben dem Observatorium einen 64 Meter hohen Fernsehturm. Fortan waren die meisten Messungen völlig ungenau und damit für die Katz. Es blieb den Meteorologen nur die Flucht. Bis zum Frühjahr 1939 entstand etwa 250 Meter entfernt die dritte Wetterwarte, die heutige.

Der amerikanische Bombenangriff auf den Brocken am 17. April 1945 und starker Artilleriebeschuss aus Richtung Wernigerode zogen das neue Observatorium arg in Mitleidenschaft, sodass hier oben zwei Jahre lang bis zum Abzug der amerikanischen Besatzer kein Wetterfrosch anzutreffen war. Der auf Befehl der Sowjetischen Militäradministration in Deutschland (SMAD) bereits 1945 gegründete Landeswetterdienst Sachsen-Anhalt setzte sich schließlich für den Wiederaufbau des Brocken-Observatoriums ein.

Ende Juni 1947 sah sich der Meteorologe Kurt Glass auf dem Brocken um und beschrieb in einem Bericht seinen ersten Eindruck mit einem Wort: „Niederschmetternd!“ Weiter heißt es: „Von dem ehemals recht netten Brockenhotel stehen nur noch Ruinenreste. Vom alten Observatorium stehen nur noch die äußeren Mauerfragmente. Im Inneren ist alles restlos zerstört und ausgebrannt ... Um das neue Observatorium häufen sich die Trümmerhaufen von Hölzern, Brettern, Kabeln ...“

Im September 1947 zogen er und eine Mitarbeiterin in einen kleinen Anbau am Fernsehturm und meldeten bald darauf die ersten Daten. Währenddessen liefen die Bauarbeiten am zerstörten Turm der Wetterwarte auf Hochtouren, sodass sie etwa ein Jahr darauf ihren Betrieb wieder aufnehmen konnte.

Das Wetter

Das Wetter auf dem Brocken ist häufig ein anderes als in den tieferen Lagen. Scheint am Harzrand die Sonne, kann sich Vater Brocken durchaus in dicke Wolken oder schlierige Nebelschwaden hüllen. Andererseits ist es gut möglich, nach knapp zweistündiger Wanderung entlang der Brockenstraße, durch feuchte Wolkenberge hindurch plötzlich aus der nebligen Suppe aufzutauchen und azurblauen Himmel mit strahlend heller Sonne zu genießen. Oder: Während unten kein Lüftchen weht, fegt über den Gipfel ein stechend-kalter Eiswind hinweg.

Die Jahresmitteltemperatur beträgt etwa 2,9 Grad Celsius, das langjährige Mittel des Januar liegt bei minus 4,2 Grad, das des Juli bei 10,3 Grad. Im Sommer steigt das Quecksilber im Thermometer kaum über 25 Grad. Im Winter allerdings treten aufgrund des Klimawandels Minuswerte von 20 Grad und darunter nur noch selten auf. Überhaupt lässt die Wetteraufzeichnung erkennen, dass bereits von 1850 bis etwa 1935 eine kontinuierliche langfristige Erwärmung erfolgte. Nach etwa 35 Jahren Stagnation begann um 1970 erneut ein kontinuierlicher langfristiger Temperaturanstieg,

Eingeschneite Wetterwarte

Wurmbergblick im Nebel

dessen Kurve seither immer steiler verläuft. In den meisten Jahren bleiben lediglich vier Monate frostfrei, dafür liegt an mehr als hundert Tagen Schnee. Das muss nicht immer nur im Winter sein. Alle paar Jahre kommt ein Schneeschauer mitten im Hochsommer vor. Die Meteorologen registrieren auf dem Brocken an über 300 Tagen im Jahr Nebel, der sich aber auch schnell oder wenigstens vorübergehend auflösen kann.

Die jährliche Niederschlagsmenge beträgt über 1 800 Millimeter. In ganz Deutschland ist der Brocken der windigste Berg. Die Windgeschwindigkeit liegt im Jahr durchschnittlich bei 42 km/h. Am 18. Januar 2007 brauste allerdings Kyrill mit bis zu 200 km/h über den kahlen Berggipfel. Nebel, Frost und Sturm sorgen im Verbund noch für eine weitere Brocken-Besonderheit. Treibt der Wind bei Minustemperaturen die Wolken über den Berg, bilden sich innerhalb kurzer Zeit bizarre Gebilde, vor allem an Metall-Gegenständen. Hier gefriert die kondensierte Flüssigkeit der Wolke und erstarrt praktisch mitten in der „wilden Jagd" zu schweren, weit überhängenden Eisklumpen, die für Passanten lebensbedrohlich werden können. Durch Sturm abgeschlagen jagen manche wie Geschosse viele Meter weit durch die Luft. Besonders nach längerer Sonneneinwirkung und bei stürmischem Wetter ist daher äußerste Vorsicht geboten.

Eine meteorologische Seltenheit ist das berühmte Brockengespenst, das im Laufe der Jahrhunderte schon von wesentlich mehr Menschen gleichzeitig beobachtet worden ist, als beispielsweise der Yeti oder Nessie. Das liegt einfach daran, dass das Brockengespenst tatsächlich existiert! Es zeigt sich immer dann, wenn morgens trotz klarem Himmel auf der Westseite des Brocken eine Wolke oder eine kleine Nebelbank liegt, die von der aufsteigenden Sonne angestrahlt wird. Hält sich zu diesem Zeitpunkt jemand auf der Brockenkuppe auf, wird seine Silhouette in vielfacher Vergrößerung auf die Wolken-Leinwand projiziert. Dieses gigantische Schauspiel ist abends auch auf der Ostseite aufführbar. Bei Vollmond und entsprechendem Wetter soll das Gespenst ebenfalls schon mehrmals aufgetaucht sein.

In der Nacht zum 19. Juni 1932 geschah dies auf besonders spektakuläre Weise. Anlässlich des 100. Todestages von Altmeister Goethe führte eine Theatergruppe vor hunderten Zuschauern an der Teufelskanzel die Walpurgisnacht-Szene aus „Faust I" auf. Und als Faust und Mephisto auf die Spitze der teuflischen Granitklippe geklettert waren, verzogen sich die Wolken, die eben noch den hell-leuchtenden Mond verdeckt hatten, und beide Darsteller erschienen überdimensional auf einer Wolkenwand. Aus dem Auftritt des Brockengespenstes wurde gleich in doppelter Weise ein gigantisches Schauspiel.

Fernsehsender Brocken

Ein Knopfdruck genügt, dann hat man die Welt im Haus. So einfach und selbstverständlich wie man sich des kleinen technischen Wunders „Fernsehen“ heute bedient, war es noch vor fast achtzig Jahren keineswegs. Damals hatten die wenigsten Menschen auch nur etwas davon gehört, dass es möglich ist, per Ätherwellen nicht nur Töne, sondern auch bewegte Bilder zu transportieren. Noch waren auch die Wissenschaftler nicht über das experimentelle Stadium hinausgekommen. So stellte man am 8. März 1929 bei der ersten drahtlosen Fernsehrundfunk-Übertragung fest, dass sich die beim Rundfunk benutzte Kurzwelle fürs Fernsehen nicht eignet. Die Ultrakurzwelle verlangte ihrerseits nach hohen Standorten für die Sendeanlagen. Was lag näher, als sich bei weiteren Versuchen des Brocken zu bedienen?

1934 gab die Deutsche Reichspost den Bau eines mobilen Senders in Auftrag, mit dem schließlich im Sommer 1935 die erste öffentliche Bildübertragung gelang. Insgesamt schleppten sich zwölf, mit schwerer Technik überladene LKW am 17. Juli 1935 die Brockenstraße hinauf. Anschließend wurden von hier oben aus mehrere Monate lang Programme ausgestrahlt. Die Premiere feierte man gebührend im überfüllten Schierker Rathaus, wo ein Fernsehgerät die staunenden Gäste beflimmerte.

Wissenschaftler und Postbeamte zeigten sich mit den Ergebnissen der Versuchssendungen durchaus zufrieden, auch was die Tests zur Reichweite betraf. Noch im selben Jahr begannen Verhandlungen mit Christian Ernst Fürst zu Stolberg-Wernigerode, dem Herrn des Brocken, über einen Sender-Standort auf dem Gipfel. Der Fürst schien dieser technischen Revolution sehr aufgeschlossen gegenüber gestanden zu haben, denn die Beteiligten einigten sich schnell.

Im Sommer 1936 krempelten die ersten Arbeiter auf dem Bauplatz die Ärmel hoch. In nur einem Jahr erwuchs nördlich des Brockenhotels auf einer Grundfläche von 14 mal 16 Metern ein 52 Meter hoher Turm, dessen untere neun Stockwerke aus unverwüstlichem Stahlbeton bestanden. Die restlichen sieben Etagen zimmerte man aus Holzfachwerk zusammen. „Betont unauffällig“ umschwänzelten Angehörige des britischen Geheimdienstes die mysteriöse Baustelle im Herzen des bedrohlich gewordenen Hitlerdeutschlands, das sich von dieser Spionage jedoch nicht irritieren ließ, sondern eher geschmeichelt fühlte. Als hätte man niemanden bemerkt,

Sendeanlagen und Wetterwarte (1990)

Das Gebäude des alten Fernsehsenders vor der Sanierung 1998

Instrument ihres Propaganda-Apparates. Schnell mussten die teuren Breitbandkabel von der Fernsehzentrale Berlin-Charlottenburg zu den wichtigsten Sendern in Deutschland verlegt werden. Das erste führte von der Reichshauptstadt direkt zum Sender Leipzig, der am 1. März 1936 während der Messe das zentrale Programm erstmals empfing und ausstrahlte. Zu Beginn des Jahres 1939 verlegte man das Kabel 504 nach Frankfurt/Main. In Braunlage wurde diese Leitung einfach für einen Abzweig zum Brocken angezapft. Auf diese Weise strahlte der „Fernsehsender Brocken“ ab April 1939 zwei Programme aus: Ein eigenes für Mitteldeutschland und das zentrale aus Berlin.

Lange währte diese Ära allerdings nicht, denn wegen des drohenden Krieges stellte man den Sendebetrieb bereits im Juni ein. Gespürt hat man auf dem Brocken vom Zweiten Weltkrieg jahrelang nichts. Erst als das Dritte Reich unaufhaltsam unterging und der Brocken kurz vor dem Fiasko noch zur Festung erklärt wurde, schlugen auf dem Plateau amerikanische Bomben ein. Rings um den Fernsehsender fielen die meisten Gebäude in Schutt und Asche. Den Sender aber wollte man verschonen, um ihn nach Kriegsende – als Besatzer – nutzen zu können. Die Amerikaner richteten sich auf dem Brocken im Gebäude des Fernsehsenders häuslich ein. Am 27. April 1947 packten sie dann ihre Sachen und zogen Richtung Westen. Augenzeugen berichteten, dass sie ein wahres Chaos hinterließen. Der Fernsehsender – eine geplünderte Ruine.

führte man auch den aufwendigen Ausbau mit moderner Hochspannungs- und Kühltechnik sowie mit einmaligen Maschinenanlagen weiter. Im November 1938 installierte Telefunken dann die Antennenanlage. Damit war der Fernsehsender auf dem Brocken noch im selben Jahr funktionsbereit. Weil für den Sendebetrieb enorme Mengen Starkstrom benötigt wurden, verlegte man noch ein 15-Kilovolt-Kabel von Schierke aus auf den Gipfel.

Das Fernsehen erkannten die Nationalsozialisten sehr früh als d a s Massenmedium der Zukunft und damit als wichtiges

Im Jahre 1948 veränderte sich die Gestalt des ursprünglich 16-stöckigen Fernsehturmes, indem man ihn um sechs Etagen verkürzte. 1950 übernahm die Deutsche Post der jungen DDR den Sender. Ein Jahr später installierten Postmitarbeiter in den oberen Etagen einen neuen UKW-Sender, mit dem durchaus schon die ersten öffentlichen Fernsehprogramme hätten übertragen werden können. Daran war jedoch im Osten noch nicht zu denken, während man in der BRD im selben Jahr auch ohne Brockensender die ersten schwarz-weißen Flimmerbilder des Nachkriegsdeutschlands ausstrahlte. Den erst zwei Jahre alten UKW-Sender verstärkte man 1953 durch eine zusätzliche Rohrschlitzantenne. Im Ostberliner Stadtteil Adlershof produzierte der Deutsche Fernsehfunk Monate später die ersten Sendungen, die ab 1955 auch vom Brocken übertragen wurden.

Der zur „Brockenherberge" mit Aussichtsetage und Café umgebaute Fernsehsender

Als dann auch in der DDR ein zweites Fernsehprogramm ins Leben gerufen wurde, machte sich ein Antennen-Neubau erforderlich. Daraufhin entstand 1973 eine alles überragende Metallkonstruktionsantenne, die ab 1. Januar 1992 nicht mehr das Programm von „DDR II", sondern die Sendungen des ZDF in den Äther abstrahlte.

Die Telekom baute den Sender Brocken nach der Übernahme schrittweise weiter aus. Der Antennenträger erhielt ein vor Wind und Wetter schützendes Kleid aus Kunststoff, unter dem weitere Antennen installiert wurden. Der umgebaute Mast hatte dann eine Höhe von 125 Metern. Neue Sendetechnik kam zunächst in den sogenannten Touristensaal am Fuße des Fernsehturmes. Der erfüllte damit übergangsweise seine ursprüngliche Aufgabe und diente als Maschinensaal.

Im Juli 1994 legte die Telekom den Grundstein für ein neues Gebäude, dem bislang einzigen Neubau auf dem Brocken seit der politischen Wende 1989. Innerhalb eines guten Jahres ließen die Bauleute neben dem Antennenträger für neun Millionen Mark ein 55 Meter langes und 15 Meter breites, dreigeschossiges Sendegebäude aus dem Boden wachsen. Am 13. Dezember 1995

Plateau mit dem Telekom-Neubau von 1995

wurde das neue Gebäude feierlich übergeben. Hier fand die gesamte Sendetechnik aus Touristensaal und altem Fernsehturm Platz. Rund 80 Prozent der Region Sachsen-Anhalt werden vom Brocken mit ARD, ZDF und mdr-Fernsehen sowie mit weiteren sechs Hörfunksendern versorgt. Mitte September 2007 ließ die Telekom mit einem russischen Schwerlasthelikopter der Swissair die Fernsehantenne demontieren und durch einen neuen DVB-T-Mast ersetzen. Dieser strahlt seit 9. Oktober 2007 zwölf öffentlich-rechtliche Programme zusätzlich über das digitale terrestrische Fernsehen in den Norden Sachsen-Anhalts aus.

Im Mai 1998 begannen die Umbauarbeiten am alten, leerstehenden Fernsehturm. Mit einem großen Kran wurden tonnenschwere Betonteile, die der Antenne als Gegengewicht gedient hatten, aus den oberen Etagen des Turmes entfernt. Die hölzerne Verkleidung wurde abgerissen und der Bau mit neuen Fenstern versehen. Doch insgesamt bewahrt der denkmalgeschützte Turm heute seine ursprüngliche äußere Gestalt.

Im Erdgeschoss des Gebäudes befindet sich ein Souvenirgeschäft. In den darüberliegenden Etagen verteilen sich die Zimmer der im November 1999 von Brockenwirt Hans Steinhoff und Sohn Daniel eröffneten neuen „Brockenherberge“. Zur Einrichtung gehören 19 Zimmer mit insgesamt 36 Betten und das Turmcafé „Hexenklause“ in der siebten Etage mit 50 Plätzen. Darüber befindet sich die mit vielen Fenstern gestaltete Rundum-Aussichtsetage. Für die Gäste der Brockenherberge bietet sich bei schönem Wetter ein einmaliger Blick über weite Teile Sachsen-Anhalts und Niedersachsens. Auf dem Dach des Turmes wurde eine große Kunststoff-Kuppel aufgebaut. Darin sind Funk- und Radaranlagen zur Luftraumüberwachung installiert.

Die letzte Bauphase wurde im Frühjahr 2000 mit der Wiedereröffnung des Touristensaales als Gaststätte abgeschlossen. Sie bietet 400 Brockenbesuchern Platz. Über dem Touristensaal liegt der kleinere Goethesaal, in den Hans Steinhoff regelmäßig Politiker und Unternehmer zum Brockenstammtisch lädt. Seit 2006 finden hier mehrmals im Jahr Aufführungen der Rockoper „Faust“ statt, deren Akteure mit tempogeladener Livemusik und grellen Kostümen das Publikum begeistern. So sehr, dass seit 2010 parallel dazu auch eine szenische und musikalische Umsetzung von „Faust II“ aufgeführt wird.

Brockenherbergen

Für ganze 17 Taler konnte man zu Beginn des 18. Jahrhunderts noch ein Haus bauen. Nun gut, ein Häuschen, das „Wolkenhäuschen“. Graf Christian Ernst zu Stolberg-Wernigerode entschloss sich als junger, unternehmungslustiger Mann 1736 dazu, den Wanderern auf seinem Brocken eine kleine Unterkunft zu bieten.

Freilich, für 17 Taler entstand hier noch nicht das erste Brockenhotel, aber ein einfacher Steinbau. Die beim Mauern der unförmigen Steine auftretenden Ritzen in den Wänden wurden kurzerhand mit Moos gestopft. Den kleinen Raum mit einer quadratischen Grundfläche schloss nach oben hin ein hölzernes Spitzdach mit vier gleichen, dreieckigen Seiten ab. Erstmals waren die wagemutigen Reisenden vor peitschendem Sturm und Regen oder Schneetreiben geschützt und konnten ihre müden Glieder auf harten Holzbänken ausstrecken.

Seinen romantischen Namen verdankt das simple Bauwerk dem Umstand, dass es wegen der besonderen klimatischen Bedingungen auf dem Brocken sehr oft in Dunst und Nebel gehüllt war. Das „Wolkenhäuschen“ hat die Jahrhunderte standhaft überdauert und strotzt heute am Fuße des alten Fernsehsenders den mächtigen Bauten ringsum. Schutz vor Sturm und Regen oder Schnee bietet es immer noch. Gelegentlich finden sich hier im Winter sogar Alpinisten ein, die mit Übernachtungen im Schlafsack bei Minus 30 Grad und weniger für ihre nächste Hochgebirgsexpedition trainieren.

Altertümliches Wolkenhäuschen vor modernem Brockenhaus

„Das Brockenhaus am Harz", kolorierter Kupferstich, Anfang 19. Jahrhundert

Das erste „richtige" Brockenhaus entstand kurze Zeit später – allerdings auf der Heinrichshöhe. Der Grund für dieses Kuriosum war rein ökonomischer Natur, denn für den sacht aufkommenden Brockentourismus lohnte es sich noch nicht, eine größere Gastwirtschaft auf dem unwirtlichen Berg zu bauen. Allerdings entwickelte sich die Torfstecherei zu einem bedeutenden Wirtschaftszweig inzwischen auch für die Wernigeröder Grafschaft. In der Nähe der Heinrichshöhe stachen die Arbeiter den Torf, weshalb sich Graf Christian Ernst 1743 entschloss, auf diesem Gipfel, also gegenüber vom Brocken, sowohl eine größere Schutzhütte für die Torfgräber, als auch ein kleines Jagdhaus für sich und seine Familie zu errichten.

Die Schutzhütte war bedeutend größer als das „Wolkenhäuschen" auf dem Brocken und wies zwei Räume auf. Der kleinere diente während der Sommermonate den Arbeitern als Unterkunft, der größere den Reisenden zur Übernachtung. Hier befand sich auch eine kleine Gastwirtschaft, in der alle gemeinsam aßen und tranken. An manchen Tagen wurde es in der Hütte jedoch so eng, dass spät eintreffende Wanderer sogar Teile des gräflichen Jagdhauses nutzen durften, sofern sich gerade kein Mitglied der adligen Familie dort aufhielt.

Als die Reiselust zum Brocken immer mehr zunahm, legte der Wirt ein Gästebuch aus, beginnend mit Eintragungen von 1753. Weil im Winter kein Torf gestochen werden konnte und sich zu dieser Jahreszeit auch kein Wanderer in diese noch relativ unerschlossene Gegend wagte, blieb das Brockenhaus auf der Heinrichshöhe von Herbst bis Frühjahr geschlossen.

1799 brannte das Jagdhaus ab. Ein Jahr später entstand ein neues Haus, diesmal auf dem Brocken selbst, direkt neben dem „Wolkenhäuschen". Graf Christian Friedrich

Der Gipfel mit Brockenherberge, Fernsehsender und Brockenhaus

musste hierfür allerdings schon etwas tiefer in die Tasche greifen als Graf Christian Ernst noch 1736. Für die stattliche Summe von 12 000 Talern ließ er ein großzügig angelegtes Haus bauen, in das ein zehn Meter hoher Aussichtsturm integriert war.

Vom Hausinneren gelangte man in den Turm und über 28 Stufen hinauf in die Aussichtskanzel. Außerdem kamen in den Mauern des neuen Gebäudes ein Saal, zwei große und sieben kleinere Gästezimmer, ein Wohnzimmer für den Wirt und eines für die Kellner sowie eine Küche unter. Auch gab es hier oben einen Pferde- und einen Kuhstall. Die Rinderhaltung brachte den unschätzbaren Vorteil, täglich frische Milch anbieten zu können. Auf Milchpulver oder homogenisierte Milch konnte man damals noch nicht ausweichen.

Die Konjunktur galoppierte. Schon 1805 machte sich ein Anbau für drei weitere Gästezimmer und einen neuen Pferdestall erforderlich. Ausgedient hatte hingegen das Gästehaus auf der Heinrichshöhe, da die Torfstecherei in diesem Bereich bereits eingestellt worden war und die Brockenreisenden freilich lieber auf dem angestrebten Gipfel selbst als irgendwo in der Umgebung nächtigten. 1811 riss man das Gebäude ab.

Währenddessen setzte das rauhe Klima vor allem dem hölzernen Aussichtsturm arg zu. 1834 war er so baufällig, dass man sich zum Abriss entschloss. Ein Jahr später stand bereits ein neuer Turm, ein Stück vom Brockenhaus entfernt. Doch auch er überdauerte nur 20 Jahre. Der dritte seiner Art hielt zwar etwas länger, wich aber 1899 einem Neubau: rund und aus Stein.

In der Nacht zum 5. Juni 1835 wurde das Brockenhaus von einem Feuer heimgesucht, dem es mit einem „blauen Auge“ entkam. Lediglich ein Nebengebäude brannte nieder. Jedoch brach am 23. Juli 1859 erneut ein Feuer aus, dessen Flammen sich unaufhaltsam durch das gesamte Brockenhaus fraßen. Sie hinterließen nichts als rauchende Asche und verkohlte Reste des Grundmauerwerks.

Aber ohne Brockenhaus war der Brocken mittlerweile nicht mehr vorstellbar. Darum begannen wenig später die Arbeiten zu einem neuen, größeren Gebäude, dessen Richtfest in Anwesenheit des Grafen Otto zu Stolberg-Wernigerode am 26. Juli 1860 ausgiebig gefeiert wurde. Zum Pfingstfest 1862 war das prachtvolle, zweistöckige Brockenhaus endlich fertig, zumindest vorläufig. Schon elf Jahre nach der Einweihung erweiterte man nämlich das Haus um einen großen Saal.

1881 setzte man auf das Haus buchstäblich noch eins drauf. Zentriert wuchs aus dem ehemaligen Dach eine weitere Etage empor, die allerdings nicht auf die Länge des übrigen Gebäudes kam. Dank dieser Vergrößerung wartete das „Wolkenhotel" nunmehr mit 80 Zimmern auf, in denen insgesamt 200 Betten standen. Im Notfall ließen sich sogar noch kleinere Säle zu Massenunterkünften umfunktionieren. Das Geschäft mit den Brockentouristen boomte und so konnte weiter investiert werden. 1908 besaß das renommierte Haus nach gründlicher Renovierung und Modernisierung eine hochmoderne Zentralheizung, eine zentrale Gaslichtanlage und Wasserspülung.

Amerikanische Bomber verwandelten am 17. April 1945 die bebaute Brockenkuppe in einen großen Trümmerhaufen, aus dem lediglich der absichtlich verschonte Fernsehturm und der stark lädierte Aussichtsturm herausragten. Während der Sendeturm bald wieder hergestellt war, sackte die Ruine des Aussichtsturms 1949 durch eine gezielte Sprengung zu einem unförmigen Steinberg zusammen.

Seine touristische Bedeutung sollte der Brocken jedoch bald zurückerlangen. 1950 eröffnete man provisorisch im Erdgeschoss des Fernsehsenders einen Imbissstand. Später gab es sogar einige Hotelzimmer in den Etagen des Fernsehturms und im achten Stockwerk lud das „Turmcafé" zum Schmausen und Schauen ein.

Auch das „Wolkenhäuschen" war dem amerikanischen Bombenangriff nicht ganz unbeschadet entronnen. Mitglieder des Kulturbundes der DDR restaurierten 1954 das frei stehende Zimmerchen. Selbst die verlorengegangene Goethe-Plakette, die anlässlich der Goethefeier 1927 an einer Außenwand angebracht worden war, ließen die Kulturbundler nach einer alten Vorlage in Ilsenburg neu gießen. Das „Wolkenhäuschen" sollte eines Tages als Goethe-Gedächtnisstätte dienen. Doch daraus wurde nichts. Nach dem vollständigen Abschotten der Brockenkuppe im August 1961 vergatterten die hier stationierten Militärs das kleine Gebäude zu „sinnvoller" Nutzung. Sie lagerten Baumaterial oder parkten Autos und Jeeps darin.

Die Goethe-Plakette überstand diese Zeit abermals nicht. Ihre Reste sollen sich jedoch noch in Privatbesitz befinden. Bald nach der Öffnung des Brockenplateaus 1989 wurde das „Wolkenhäuschen" liebevoll restauriert. 1990 weihte Maria Fürstin zu Stolberg-Wernigerode eine neue Goethe-Plakette ein, die sich wieder an einer Außenwand des Häuschens befindet.

Am 8. November 1996 erhielt der Dichterfürst prominente Nachbarschaft. Unweit des Brockenhäuschens wurde ein vier Tonnen schwerer Granitstein in die Erde gesetzt und auf ihm eine Plakette mit dem Bildnis Heinrich Heines befestigt. Der Harzklub-Zweigverein Schierke hatte diese Heine-Würdigung initiiert. Im September 1956 war dem Dichter anlässlich seines 100. Todestages schon einmal auf dem Brocken ein Denkmal gesetzt worden. Später verschwand die Plakette vom Brocken, wurde jedoch in Schierke aufbewahrt. Mit dem neuen Heine-Stein kam die alte Plakette zurück auf den Gipfel.

Brockenwirte

Die Kommerzialisierung des Brocken ist eng mit den Wirten dort oben verbunden. Im winzigen „Wolkenhäuschen“ war der Wanderer freilich noch völlig auf sich allein gestellt, aber schon in der etwas größeren Schutzhütte auf der Heinrichshöhe kümmerte sich ein Gastwirt um das leibliche Wohl von Torfarbeitern und Reisenden.

Der Torfaufseher Johann Ernst Mahrholtz kann die Ehre für sich in Anspruch nehmen, der erste Brockenwirt gewesen zu sein, da das Gebäude auf der Heinrichshöhe ja allgemein als Brockenhaus anerkannt wird. Als Nachfolger ging Johann Peter Müller in die Brockengeschichte ein. Er lenkte von 1764 bis 1769 die Geschicke des Gasthauses. Wer unmittelbar nach ihm kam, ist bisher nicht bekannt. Ab 1778 war dann Christian Otte der Brockenwirt, den schon nach drei Jahren der Ilsenburger Ofenheizer Johann Gottfried Reich ablöste.

Bekannter und für die Entwicklung des Brockentourismus bedeutender war der erste Wirt im neuen Haus direkt auf dem Brocken. Friedrich Christian Gerlach registrierte an manchen Tagen des Jahres 1825 immerhin schon einhundert und mehr Übernachtungen. Zu diesem Zeitpunkt arbeitete der umsichtige Geschäftsmann bereits ein Vierteljahrhundert als Brockenwirt. Viele Gäste fanden lobende Worte für ihn im Gästebuch. Zu Beginn der 30er Jahre wendete sich jedoch das Blatt, die Beschwerden häuften sich. Schließlich sprach die gräfliche Kammer dem langjährigen Brockenwirt ob des Qualitätsverfalls einen Verweis aus. Kurz darauf starb Gerlach.

Seine Nachfolge trat 1834 der ebenfalls berühmt gewordene Eduard Nehse an. Ihm sind beispielsweise die ersten meteorologischen Messungen und Aufzeichnungen vom höchsten Harzgipfel zu verdanken. Mehrfach veröffentlicht wurde seine bekannte Karte „Wegweiser zwischen Ilsenburg und dem Brocken“, die wegen ihrer bemerkenswert hohen topographischen Qualität selbst

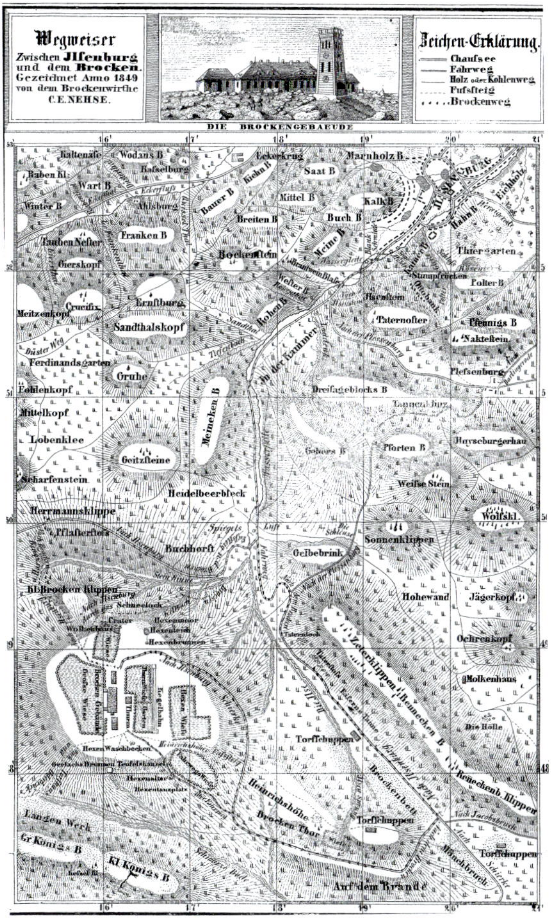

Nehses Brockenkarte (1849)

in Fachkreisen große Beachtung findet. Genauso bekannt, aber wissenschaftlich weniger bedeutsam ist das 1850 publizierte „Brockenstammbuch“. In diesem Werk fasst Eduard Nehse die für ihn wichtigsten Eintragungen im Gästebuch seit 1753 zusammen. Allerdings finden Goethes Eintragung 1784 und die seines Dieners während des Besuchs auf der Heinrichshöhe ein Jahr zuvor kaum Beachtung bei Nehse.

1851 kam Emanuel Köhler als neuer Wirt auf den Brocken. 1875 folgte dann Gustav Schwanecke. Dieser ließ das dritte Geschoss auf das Brockenhaus setzen und veranlasste außerdem 1892 den Bau des neuen Aussichtsturms. Drei Jahre später verabschiedete sich Schwanecke vom Brockenhotel und überließ Louis Brüning ab 1896 die Amtsgeschäfte. Dieser sollte allerdings keine lange Freude an der neuen Arbeit haben. Er starb bald. Die Witwe erbte den Pachtvertrag und bestand darauf, die festgeschriebenen zwölf Jahre auszufüllen.

1907 wurde das Hotel neu zur Pacht ausgeschrieben. Den Zuschlag erhielt der in Halberstadt mit einer Gastwirtschaft erfolgreich arbeitende Rudolf Schade. Er entwickelte sich ebenfalls zu einem bis heute bekannten Brockenwirt, und dies trotz der finanziell nicht gerade günstigen Bedingungen. Die jährliche Pacht hatte sich mit dem neuen Vertrag von 45 000 auf 72 000 Mark erhöht. Andererseits waren auch die Besucherzahlen inzwischen erheblich gestiegen und ließen den Umsatz wachsen. Spaßvögel ulkten sogar, der Brockenwirt habe diesen Betrag jedes Jahr

Rudolf Schade

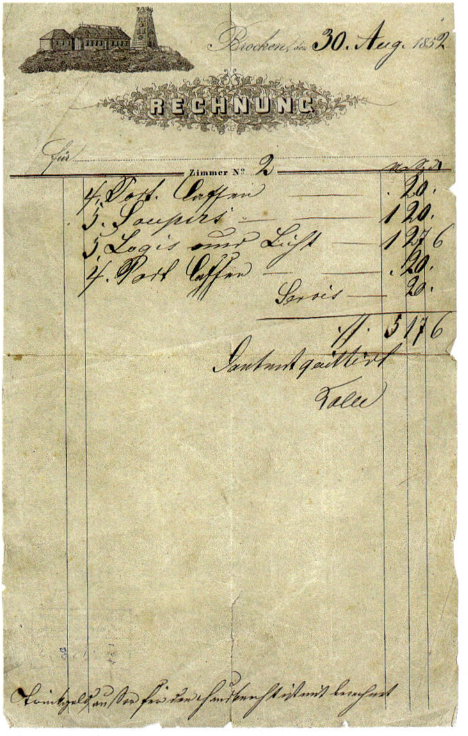

Brocken, den 30. Aug. 1852

RECHNUNG

Für

Zimmer No. 2

4. Port. Caffee — 20.
5. Soupers — 1 20.
5 Logis und Licht — 1 27 6
4. Port. Caffee — 20.
Servis — 20.
5 17 6

Dankend quittirt

Rechnung vom 30. August 1852

schon zu Pfingsten durch den Verkauf von Ansichtskarten in der Kasse. Einen beträchtlichen Teil des erwirtschafteten Überschusses steckte Schade in das Hotel. Er ließ zentrale Gaslicht- und Heizungsanlagen installieren sowie Telefonkabel legen. Außerdem verbesserte er mittels einer modernen, im Brockenmoor errichteten Pumpe die Wasserversorgung des Hotels. Schade starb am 10. Dezember 1927 im Alter von 59 Jahren. Witwe Charlotte führte das lukrative Hotel weiter, nach einer später geschlossenen zweiten Ehe dann unter dem Namen Baronin Brudersdorff.

Nach dem Zweiten Weltkrieg beköstigte ab 1954 Walter Brüninghaus die Brockenbesucher und wurde 1960 von einer Frau Beier abgelöst. Zwischen 1961 und 1989

Hans Steinhoff – Brockenwirt seit 1990

brauchte auf dem Brocken niemand bewirtet zu werden. Die neuen Herrn versorgten sich selbst.

Nach der Wende baute Hans Steinhoff, der bereits in Schierke als Wirt tätig war, ein Familienunternehmen auf. Noch mit einem „Versorgungsauftrag“ des damaligen Rates des Kreises ging der Wirt auf den Brocken und verkaufte den Wanderern Erbsensuppe und Bockwurst. Der behelfsmäßige Kioskbetrieb wuchs zu einer Firma mit über 70 Mitarbeitern, die heute neben der Gastronomie auf dem Brocken auch in drei Hotels in Schierke arbeiten.

Seine Brockenlokalität – das Bahnhofsgebäude der Brockenbahn – ließ der erfolgreiche Wirt 1997 zu einer zeitgemäßen Gaststätte ausbauen. Die Gulaschkanonen aus Armeebeständen gibt es aber immer noch. An schönen Sommertagen werden diese schon früh am Morgen hinter dem Bahnhofsgebäude angeheizt, um hungrigen Besuchern Erbsensuppe im Freien anbieten zu können.

Fast sah es Anfang 1997 so aus, als würde der Brockenwirt Konkurrenz bekommen. Die Telekom als Besitzer des alten Fernsehturmes schrieb das Gebäude mit dem „Touristensaal“ zur Pacht aus. 48 Einzelpersonen und Konsortien bewarben sich, 15 kamen in die engere Wahl. Den Zuschlag erhielten ein Wernigeröder und ein Schierker, die sich gemeinsam beworben hatten, dann aber während der Verhandlungen über den Mietzins das Handtuch warfen. Den Pachtvertrag unterschrieben letzten Endes doch Hans Steinhoff und Sohn Daniel.

Im Dezember 2007 verkaufte die Telekom ihre Liegenschaft samt Brockenhotel, Goethe- und Touristensaal an die Nord/LB Hannover und die damalige Wernigeröder Kreissparkasse (seit 2008 Harzsparkasse). Die Bewirtschaftung blieb in den Händen des Brockenwirtes.

Brockenbahn

„Ich - schaff - es - nicht - ich - schaff - es - nicht - ich - schaff - es - nicht! Ich - komm - noch - hin - ich - komm - noch - hin - ich - komm - noch - hin!"

Besonders auf der beschwerlichen Strecke von Schierke zum Brocken hinauf kann man diese alten Zeilen zum rhythmisch japsenden Schnaufen der Dampflok synchron sprechen. „Heute wird es sicher wieder dort oben laut und lustig", argwöhnte an einem sonnigen Sommertag des Jahres 1907 Heide-Dichter Hermann Löns, der in Wernigerode Urlaub machte.

„Jetzt schon, zum ersten Zuge, strömt es in Wernigerode, der bunten Stadt, von allen Seiten heran, und der Zug, der da um die Ecke gefaucht kommt, ist reichlich besetzt; die Fenster sehen von all den bunten Hüten wie die Auslagen von Blumenhandlungen aus. Seitdem die Bahn geht, kann jeder Asphalttrotter zum Brocken ..."

Ähnliche Seufzer-Sätze waren in der jüngeren Vergangenheit wieder desöfteren zu hören. Die besondere Eisenbahnstrecke rief nach der Öffnung des Brockenplateaus 1989 sogar engagierte Umwelt- und Naturschützer auf den Plan. Sie setzten sich vehement gegen die Wiederinbetriebnahme der Brockenbahn ein, da sie katastrophale Auswirkungen durch den Massentourismus befürchteten.

Die neuen Betreiber der Harzquer- und Brockenbahn – zahlreiche Harzer Landkreise und Kommunen – argumentierten unter anderem, dass der Einsatz vieler Brockenzüge pro Tag eher die Tier- und Pflanzenwelt des betroffenen Gebietes schützen, denn gefährden würde. Mit der urwüchsigen Natur links und rechts vom Wegesrand kämen schließlich nur diejenigen Brockenbesucher in Berührung, welche zu Fuß den Gipfel bestiegen. Während Gleisbauer bereits die Brockenstrecke sanierten, wurde im Meinungsgezerre der streitenden Parteien diskutiert, geklagt, entschieden.

Insgesamt 20 Millionen D-Mark pumpte allein das Land Sachsen-Anhalt in den Wiederaufbau. Schließlich konnte der erste Sonderzug der Brockenbahn am 15. September 1991, prall gefüllt mit Bauarbeitern und geladener Prominenz, zum Bahnhof auf den Gipfel schnaufen.

Die Brockenbahn ist in Gegenwart und Geschichte eng mit der großen Schwester Harzquerbahn verbunden. Beide Strecken gehörten von Anbeginn demselben Unternehmen, der Nordhausen-Wernigeröder Eisenbahngesellschaft (NWE). Hingegen hat die heute das Harzer Schmalspurbahnen-Trio komplettierende Selketalbahn mit der ehemaligen Gernrode-Harzgeröder Eisenbahn einen anderen Stammvater.

Gedacht, geplant und konzipiert wurde in Richtung harzquerende Eisenbahn bereits lange vor Gründung der NWE. Schon 1866 setzten sich der Nordhäuser Bürgermeister und der Magistrat von Wernigerode für solch eine Bahnverbindung ein. Am 8. Dezember desselben Jahres bildete sich sogar ein Komitee. Es brachte jedoch nicht einmal das Geld für eine Untersuchung über die Betriebsfähigkeit einer solchen Bahn auf und kapitulierte. Auch ein neues, 1870 gegründetes Komitee schaffte es gerade noch, ein Statut zu erarbeiten, bevor alle darin festgeschriebenen Aktivitäten einschliefen.

Erst 1896 fanden sich erneut entschlossene Männer in einem Komitee zusammen, diesmal in Nordhausen, um die jahrzehntealte Idee endlich mit Leben zu erfüllen. Und tatsächlich ging anschließend alles sehr schnell: Am 25. Juni 1896 gründete sich in Berlin eine Aktiengesellschaft NWE mit einem Grundkapital von 5,5 Millionen Mark. Schon am 3. Juli erfolgte die Eintragung ins

Rechts: Brockenbahn im Eckerloch

99 7245-6

Brockenbahn um 1910

Auf dem Brockenbahnhof

Handelsregister Nordhausen. Kurz zuvor war bereits ein Bauvertrag mit der Eisenbahnbau- und Betriebsgesellschaft mbH Berlin geschlossen worden.

Es ist schon etwas aufwendiger, eine Eisenbahn durch ein Mittelgebirge wie den Harz zu bauen als übers flache Land. Selbst Straßen und Wege lassen sich im Gebirge wesentlich leichter anlegen als Schienen, da man Fuhrwerke und später Automobile durchaus über eng geschlungene Serpentinen in die Höhe scheuchen kann. Mit den schwerfälligen und nur wenig beweglichen Dampfrössern samt Wagenkolonne geht das nicht. Da war ein Krümmungshalbmesser von teilweise nur 60 Metern, wie er beispielsweise auf der Strecke zum Brocken eingebaut worden ist, schon eine kleine Sensation. Dass die Züge der Brockenbahn nur mit Kraftübertragung durch Reibung bei Steigungsverhältnissen von teilweise 1:30 (ein Meter Höhenunterschied auf 30 Metern Strecke) ihr oft wolkenumhülltes Ziel erreichten, galt ebenfalls als beachtliche Leistung.

Vor allem der Bau des Schienenweges zum Brocken gestaltete sich äußerst schwierig. Spezialkräfte aus Bayern, aber auch Italien und Jugoslawien mit reichlich Erfahrung beim Bau von Gebirgsbahnen hatten schließlich bedeutenden Anteil an der Vollendung des Gleisbaus. Und Erfahrungen waren gefragt! Immerhin mussten die Schienen über längere Strecken auch durch das unwegsame Brockenmoor geführt werden, das dem Gleisbett keinen Halt gab. Es blieb nur eine Lösung: Ausheben. Teilweise bis zu sieben Meter tief wühlten sich die Arbeiter, um auf festen Grund zu stoßen, dann versperrten plötzlich Felsklippen die potenzielle freie Bahnfahrt und mussten weggesprengt werden. Insgesamt hob man für den Bau der Brockenbahnstrecke 90 000 Kubikmeter Moor aus und legte damit wesentliche Teile des Goethe- und Sattelmoores an der Heinrichshöhe trocken. Diese Arbeiten weckten übrigens noch das lebhafte Interesse einiger Wissenschaftler, denn im Moor, über Jahrtausende hinweg konserviert, fanden sich gut erhaltene Reste von Linden. Irgendwann in grauer Vorzeit muss also auf dem Brocken, sogar in seinen höher gelegenen Regionen, noch äußerst mildes Klima geherrscht haben.

Die NWE nahm die spätere Harzquer- und Brockenbahn abschnittsweise in Betrieb. So fuhren am 20. Juni 1898 die ersten Züge zwischen Wernigerode und Schierke, und ab 4. Oktober desselben Jahres schleppten sie sich auch weiter hinauf bis auf den Brocken. Dadurch erlebte der schon zu diesem Zeitpunkt bereits beachtliche Brockentourismus einen riesigen Aufschwung. Damals fuhren zwar nur drei, von einer Mallet-Lokomotive gezogene Wagen, aber diese waren während der Saison meist bis auf den letzten Platz besetzt.

Durch die neue Bequemlichkeit wollten allerdings immer weniger Sommer- und Winterfrischler wahrhaben, dass sie sich auf den Gipfel eines 1 141 Meter hohen Berges mit den klimatischen Bedingungen einer mindestens 1 600 Meter messenden Alpenhöhe begaben. Hermann Löns be-

Mit der Brockenbahn auf den tief verschneiten Harzgipfel

schrieb in seiner Reportage „Auf der Brockenbahn“ dieses nach wie vor aktuelle Problem sehr amüsant:

„Die Bahn keucht bergaufwärts ... Ich schließe das Fenster; der Wind kommt kalt hinein, kalt und naß ... die Scheibe trieft, die Sonne ist fort ... Durch einen dicken grauen Brei wühlt sich der Zug, pfeift, wie auf dem letzten Loche, und hält. Ein tausendstimmiger Angst-, Wut- und Schreckensschrei wird vom Sturme zerfetzt. Hüte fliegen, Umhänge flattern, Röcke wehen, Waden jeder Art enthüllen sich, Schirme verwandeln sich in Tulpen, Blumenhüte werden zu Wasserleichen, der Blauschlipsmann setzt hinter seinem Zylinder her, der den Weg nach Ilsenburg einschlägt; der Zylindermann kommt wieder, der Zylinder aber nicht.“

Sehr erfolgreich entwickelte sich der Tourismus im Harz in den Dreißigerjahren. Die Verantwortlichen der NWE schlossen zahlreiche Verträge mit ausländischen Reisebüros, die das lukrative Tourismus-Geschäft für die kleine Harzer Eisenbahn noch sicherer machten. Während der Saison fanden sich täglich etwa 5 000 Besucher auf dem Brockengipfel ein.

Die beiden Weltkriege jedoch hatten für das Unternehmen unmittelbar negative Auswirkungen. Bahnmitarbeiter mussten an die Front, die Heeresbahn forderte ihren Tribut auch von der NWE in Form von Eisenbahntechnik, die meist nicht zurückkam. Die Brockenbahn verkehrte während des Zweiten Weltkrieges noch einige Jahre fahrplanmäßig. Vor allem zum Ende des Krieges hin, als die „Festung Harz“ gemeinsam mit einigen anderen ausgewählten, strategisch bedeutsamen Regionen den Untergang des 1000-jährigen Reiches aufhalten sollte, zerstörten Bomben und Granaten wichtige Teile der Gleisanlagen. Erst ab 14. Mai 1949 fuhren wieder an den Wochenenden Züge mit Ausflüglern auf den Gipfel.

Dann kam die Enteignung und Überführung der Harzquer- und Brockenbahn in die Bestände der Deutschen Reichsbahn, die sich am 1. Januar 1950 aller privaten Kleinbahnen der ehemaligen Sowjetischen Besatzungszone bemächtigte. Ein gutes Jahr später hatte man den Brockenbahnhof so weit wieder hergestellt, dass die Bahnen nach Fahrplan verkehren konnten. Die Fahrgastzahlen stiegen. Im Rekordmonat Juli 1960 gelangten insgesamt 90 000 Besucher per Bahn auf den Brocken.

Mit dem Berliner Mauerbau vom 13. August 1961 wurde auch der Brocken für Touristen zum Tabu erklärt. Ohne geregelte Abfahrts- und Ankunftszeiten fuhren zwar noch öfter Züge auf den Brocken, doch mussten die Loks schweres Baumaterial zum Gipfel hinaufschleppen, damit jener Brocken entstehen konnte, den die Besucher am 3. Dezember 1989 hinter der bulligen Mauer vorfanden. Am 15. September 1991 schnaufte dann, nach jahrzehntelanger Unterbrechung, der erste Sonderzug der Brockenbahn unter dem Jubel tausender Schaulustiger den höchsten Berg Norddeutschlands hinauf. Während werktags fleißig an der Strecke gearbeitet wurde, verkehrten an den Wochenenden bis zur Winterpause weitere Sonderzüge. Regelmäßige Fahrten auf die zugige Spitze enthält der Fahrplan seit Sommer 1992.

Am 1. Februar 1993 übernahm die neu gegründete Harzer Schmalspurbahnen GmbH (HSB) offiziell die Geschicke aller drei Harzer Bahnen. Mit dieser Ausgliederung aus der Deutschen Reichsbahn entstand in den neuen Bundesländern die erste nichtbundeseigene Eisenbahngesellschaft mit regelmäßigem Reisezugverkehr. Die Zahl der fahrplanmäßigen Brockenzüge erhöhte sich stetig; nun sind es täglich mindestens elf. Hinzu kommen viele Sonderfahrten speziell für Reisegruppen. Im Jahr 2011 beförderte die HSB insgesamt 1,2 Millionen Fahrgäste, davon 746 000 mit der Brockenbahn.

Rechts: Die Brockenbahn auf ihrem Weg vom Gipfel hinab nach Schierke

Brockentorf

Holz ist kostbar. Zum einen, weil es sich vorzüglich zu unzähligen Dingen verwerten lässt, zum anderen, weil die Holzressourcen weltweit zusammenschmelzen. Der Raubbau an den Wäldern im Harz begann schon sehr zeitig. Vor allem der im Mittelalter vielerorts aufblühende Eisenerzbergbau sorgte innerhalb weniger Jahrzehnte für riesige Kahlschläge in den Baumbeständen rings um den Brocken. Die Bergleute benötigten jede Menge „Grubenholz" und später in den Schächten viel Holz als „Sprengstoff". Denn bevor das Pulver erfunden wurde, sprengten die Bergleute mit natürlichen Mitteln. Sie erhitzten durch Feuer die Wände, von denen schließlich wegen der temperaturbedingten körperlichen Ausdehnung des Stoffes Fels mehr oder minder große Teile abplatzten. Eine aufwendige und mühevolle Arbeit, bei der vermutlich weit mehr Holz verbrannt als Erz gewonnen wurde.

Doch auch bei der Weiterverarbeitung in der sich rasch entwickelnden Hüttenindustrie brauchte man Unmengen Holz und später Holzkohle für die Feuer zum Schmelzen. Andere Brennstoffe blieben den Harzern jahrhundertelang verschlossen. Steinkohle gab es nicht, und durch das völlig unterentwickelte Verkehrsnetz gelangten auch keine Brennmaterialien von auswärts hierher.

Zwar merkten auch unsere Vorfahren bald, dass sie sich diesen eskalierenden Holzraubbau nicht ewig würden leisten können, doch eine Alternative hatte niemand parat. Außer: Sparsamer Umgang mit Holz in der Köhlerei. Schon damals erkannte man, dass dafür ein gutes Management notwendig war, gleichwohl das Kind weiland ganz sicher einen anderen oder überhaupt keinen Namen trug. So ermahnte beispielsweise die 1753 in Leipzig erschienene „Generale Haushalts-Principia", dass „die Köhler zu geringen Lohnes oder auch Geitzes und Bosheit halber unaufmerksam" seien, weshalb das Meiler-Feuer „Jäget, id est zu stark geht". Solcherart Sparmaßnahmen bewirkten also wenig.

Im ausgehenden Mittelalter erschien endlich ein Silberstreif am ständig sich verkleinernden Holz-Horizont in Form einer Idee: Wie wäre es, wenn man die ungeheuren Torfvorkommen rings um den Brocken als Brennstoff gewinnen würde? So schickte Herzog Julius von Braunschweig 1571 eine Expertengruppe in den Harz. Deren Mitglieder sollten untersuchen, ob es sich denn lohne, im Roten Bruch am Brocken, zwischen Königsberg und Achtermannshöhe, Torf zu stechen. Leider fiel das Ergebnis dieser ersten Untersuchung wenig zufriedenstellend aus: Der Torf sei zwar hinsichtlich seiner Heizeigenschaften „abbauwürdig" gewesen, doch hätte sich das gesamte Unterfangen wegen des aufwendigen Abtransports als zu teuer erwiesen.

Da eine Forstbewirtschaftung im heutigen Sinne unbekannt war, schrumpften die Waldbestände im Harz immer weiter zusammen. Erst Anfang des 18. Jahrhunderts – der Kollaps stand kurz bevor – gab es keinen anderen Ausweg mehr, als Torf zu stechen – koste es, was es wolle! So entstand schließlich an der Stelle des heutigen Torfhauses der „Borkenkrug", der in der geschichtlichen Überlieferung erstmals 1713 erwähnt wird. Zwei Jahre später weihte man gleich neben dem Borkenkrug den ersten Torfschuppen des Harzes ein. Er war mit 100 Fuß Länge und 36 Fuß Breite ein beachtliches Bauwerk.

Um die Torfgewinnung und damit um die Waldschonung hat sich im 18. Jahrhundert auch Graf Christian Ernst zu Stolberg-Wernigerode verdient gemacht. Er ließ unter anderem an Ahrensklint und Königsberg seinen Bergrat Jacob Bierbauer versuchs-

Brockenmoor oberhalb der Heinrichshöhe (Kernzone des Nationalparks)

weise Torf stechen. Da sich die Ausbeute durchaus sehen lassen konnte, entschloss sich der Graf, die Torfgewinnung in größerem Stile zu betreiben. Bis zum Ende des 18. Jahrhunderts errichtete Seine Erlaucht nachweislich fünf große Torfwerke rings um den Brocken, höchstwahrscheinlich waren es sogar noch einige mehr.

Aufwendige und teure Anlagen waren erforderlich, weil der Torf im Harz wegen des rauhen und feuchten Klimas nicht im Freien trocknete. Ein Jahr lang hingen die Torfstücke, vor Regen und Schnee geschützt, in großen Trocknungsanlagen mit natürlicher Belüftung (Schlitzen in den Wänden), bevor sie endlich in der Köhlerei weiterverarbeitet werden konnten. Der äußerst faserige Torf zeigte jedoch gänzlich andere Eigenschaften als Holz: Er zerfiel im gewöhnlichen Meilerfeuer zum größten Teil zu Asche, anstatt sich in Kohle zu verwandeln, da das abschließende Löschen selten glückte.

Erst in der Mitte des 18. Jahrhunderts gelang es dem gräflichen Forstbeamten Hans Dietrich von Zanthier, Torf in einem in Ilsenburg gefertigten eisernen Spezialofen effektiv zu verkohlen. Nach dieser Erfindung boomte dann endlich die Torfköhlerei, sodass bald darauf im ganzen Harz etwa 40 solcher Öfen betrieben wurden. Über 20 Jahre lang arbeitete man auf diese Weise, bis die Ära der Torfverkohlung aus Kostengründen 1786 endete. Das Torfhaus zwischen Braunlage und Harzburg wandelte sich zum Forst- und Gasthaus, und auf der Heinrichshöhe lebte man fortan ausschließlich vom langsam aufblühenden Fremdenverkehr. Die anderen Anlagen verfielen über die Jahre.

Die Torfhaus-Siedlung

Mit 812 Metern über NN gilt Torfhaus heute als höchstgelegene menschliche Siedlung des Harzes. Die erste kleine Hütte, die als notdürftiger Unterschlupf den wenigen Torfstechern diente, wurde 1573 errichtet. Im 30-jährigen Krieg brannte sie jedoch völlig nieder. Einen Nachfolger fand die Hütte erst 1713 im „Borkenkrug". Durch das Aufblühen der Torfstecherei bürgerte sich nach und nach der bis heute bestehende Name „Torfhaus" ein. Völlig neue, ungeahnte Bedeutung erhielt der Flecken lange nach der Torf-Ära. Als nämlich am 1. September 1842 eine Postkutschen-Verbindung quer über den Harz von Harzburg nach Nordhausen eingerichtet wurde, erkor man Torfhaus zur Station dieser Linie aus. Immerhin hatten die Pferde, wenn sie hier eintrafen, ein gewaltiges Stück Arbeit absolviert, brauchten Futter und Ruhe zum Kräftesammeln. 1910 entstand am Torfhaus das erste, zehn Jahre später das zweite Hotel. Vereine und Organisationen bauten Heime, es folgten private Wohnhäuser. Nach dem Zweiten Weltkrieg, dem fast alle Häuser im April 1945 zum Opfer gefallen waren, kam der Wiederaufbau nur langsam in Gang. Nach dem Mauerbau 1961 hatte sich Torfhaus zum Brocken-Ersatz für die Westdeutschen entwickelt.

Brockenpost

Auf unerschlossenen Märkten regiert die Improvisation. Über viele Jahre und Jahrzehnte hinweg zeigte die Post kein Interesse am Brockenhaus als Versandstelle. Ansichtskarten und andere Postsendungen konnte man, dank des Engagements der Brockenwirte, dennoch dort oben mit der Gewissheit in den Briefkasten werfen, dass die Sendungen weitergeleitet werden würden. Irgendwann waren die Wirte jedoch mit der zusätzlichen Arbeit überfordert.

Schließlich eröffnete die Post am 15. Mai 1875 die erste Agentur im Brockenhaus. Nur während der Saison, meist bis Ende September, saß hier ein Postbeamter, der Briefen, Päckchen und Karten den Tagesstempel aufdrückte. Im ersten Jahr gingen vom Brocken aus etwa 600 Postsendungen auf die Reise, Ansichtskarten ebenso wie Einschreiben. 1906 wiesen die Bücher bereits den Versand von allein 314 325 Postkarten aus. 1960 zählte man sogar knapp eine halbe Million.

Postbürokratisch war die Agentur auf dem Brocken zunächst der Ilsenburger Dienststelle zugeordnet, die Versand und Zustellung organisierte. Ab 1. August 1882 übernahm das Amt in Schierke diese Aufgaben. Mit dem Text des Poststempels hatte dies allerdings nichts zu tun, denn als Ort der Entsendung war auf der entwerteten Briefmarke „Brocken" zu lesen. Insgesamt kreierte die Post für die Agentur auf dem Brocken fünf verschiedene Stempel, von denen der letzte bis zum 20. April 1945 aufgeschlagen wurde. Anschließend gehörte nicht nur der heute bei Sammlern sehr begehrte Stempel der Vergangenheit an, sondern das gesamte Postamt.

Als nach dem Krieg der Tourismus wieder in Gang kam, war es zwar möglich, Postkarten und andere Sendungen hier oben aufzugeben, doch gestempelt und versandt wurden sie ab Postamt Schierke. Damit erhielt die gesamte Brockenpost auch den Schierker Stempel. Ein schwacher Trost blieb da eine Brocken-Sonderbriefmarke, die die Deutsche Post der DDR kurz vor dem Mauerbau auf den Markt brachte. Seit 1990 sammelt Brockenwirt Hans Steinhoff die auf dem Gipfel geschriebenen und frankierten Postkarten und nimmt sie mit nach Schierke zu einem Briefkasten. Einen Schierke-Stempel gibt es mittlerweile nicht mehr.

Das ist das Hexeneinmaleins

„Zusammenkünfte der Unholden so wol anderswo, als fürnehmlich auff dem Blocksberge, auff welchem, wie man saget, alle Hexen in gantz Teutschlande, wenn sie sich mit gewissen Salben beschmieret haben, am 1. März in der Nacht theils sollen getragen werden in gantz kurtzer Zeit von ihren Bühlern, den bäsen Geistern, welche zu ihnen kommen in Gestalt eines Bockes, eines Schweines, eines Kalbes und dergleichen; theils sollen sie auch auf denselben fahren auff Besen und Stecken, und die gantze Nacht mit spielen, fressen, saufen, tantzen und allhand fleischlichen Ergetzlichkeiten nebst ihren Buhlen zubringen."
So beschrieb es Johann Praetorius 1699 in seinem Hexen-Standardwerk „Blockesberges Verrichtung". Das dies alles kein Spaß war, sondern dem Klerus dazu diente, selbst auf brutale Weise Macht und Einfluss auszubauen, zeigen viele Beispiele der Geschichte.

Anna Beringer aus Nordhausen wurde der Hexerei bezichtigt, was sie aber bestritt. Erst nachdem man ihrem Gedächtnis mit allerlei grausigen Folter-Gerätschaften in sogenannter „peinlicher Befragung" nachdrücklich auf die Sprünge geholfen hatte, sprudelte es am 18. April 1573 urplötzlich wie ein Wasserfall aus ihr heraus, dass der anwesende Schreiberling Mühe hatte, den Wortschwall zu Papier zu bringen. Ja, sie sei einmal zur Walpurgisnacht auf dem Brocken gewesen, und ihr Buhle habe sie auf einem weißen Ziegenbock geholt, durch die Lüfte geführt und ihr geboten, dass sie nichts sagen solle.

Sie gestand: „Der Teufel hat mit einer in Sachsa wohnenden Hexe den Vortanz gehabt und dann auch mit mir getanzt." Außer ihr seien noch weitere Tänzer auf dem

Walpurgisdarstellung auf einer Postkarte (um 1910)

Brocken gewesen, die sie jedoch nicht gekannt habe. Die Nordhäuserin, die vermutlich nie auf dem Brocken gewesen war, ja ihn wohl nicht einmal mit eigenen Augen aus der Ferne gesehen haben dürfte, hatte in ihrer Verzweiflung gehofft, dass ihr solch ein Geständnis Milde und Gnade einbringen würde. Sie gestand schließlich weitere Irrsinnigkeiten. So habe sie bei ihrem Tanze auf dem Brocken vom Satan selbst die gefürchtete Gliederkrankheit erhalten und versprochen, diese den Nordhäusern zu übertragen. Damit gab man sich nun endlich zufrieden. Anna Beringer starb am 28. April 1573 in Nordhausen auf dem Scheiterhaufen.

Ebenso ernst wie der eingangs zitierte Praetorius meinten es 1667 die Verfasser einer „wissenschaftlichen Disputation", in der die Gelehrten der Frage nachgehen: Mögen die Hexen zu ihren Zusammenkünften hingetragen und wahrhaftig hingeführt werden, oder seien dergleichen Dinge lauter Traum, Gespenst und Trügerei? Vermeintliche Beweise für die Existenz der Hexerei folgen zur Genüge. Der Gipfel ist dann die Darstellung des Hexensabbats:

„Mit dem Schmalz, gebraut aus Hunde- oder Kinderfett, bestreichen sie sich die Beine oder Stöcke und fliegen mit dem Ausruf 'oben nauß und nirgends an' davon; andere werden von ihren Buhlern in Gestalt von Böcken, Ochsen oder anderen Tieren getragen. Auf seinem 'Reichs Tag' präsentiert der Teufel sich in Gestalt eines Bockes oder Hundes und läßt sich obszön huldigen und lästerlich anbeten. Dann wird geschmaust, getanzt, gehurt. Hexen, die keine bösen Taten berichten können, werden geprügelt. Zur Heimfahrt bekommen sie Ermahnungen und Zaubersalben und Giftpulver mit."

Stützte sich die Inquisition in ihrer „wissenschaftlichen Hexenliteratur" auf alte Sagen und Mythen, oder entstanden die meist mündlich überlieferten Sagen erst nach den als bare Münze verkauften Hirngespinnsten des Klerus? Nach dem 1928 veröffentlichten Manuskript „Blocksbergsagen" von Walter

Folterinstrument: Halsgeige

Grosse, damaliger Vorsitzender des Harzvereins für Geschichte und Altertumskunde, stellt die Antwort darauf einen liberalen Mittelweg zwischen beiden Varianten dar. Freilich wäre der Hexenglaube viel älter und noch auf vorchristliche Epochen zurückzuführen, doch seien die überlieferten Hexensagen relativ jung, teilweise sogar jünger als die bedeutenden Werke der „wissenschaftlichen Hexenliteratur".

Zahlreiche Elemente der Sagen finden sich bereits in den scharlatanischen Texten der Inquisitoren. Einzelheiten, wie abgehauene Katzenpfoten, an denen man die sich zurückverwandelten Hexenweiber erkennen sollte, sowie die an die Beine geschmierte Zaubersalbe, die den Hexen das Fliegen ermöglichte, hat das Volk nicht der traditionellen Überlieferung, sondern diesen Hexen-Büchern entnommen. So muss man davon ausgehen, dass die heute vorliegenden Hexensagen und -märchen zwar im Volk entstanden, aber nicht vom Volk, sondern von einer „geilen und eifernden Gelehrsamkeit" (Grosse) ersonnen worden sind.

Die Wurzeln des Hexenglaubens im Brockengebiet liegen in der Zeit der Christianisierung durch Karl den Großen, der mit brutaler Gewalt die sogenannten Heiden zum Christentum bekehren wollte. Deshalb mussten diese heimlich ihren Göttern huldigen, von denen Wotan der mächtigste und bekannteste war, und der – so die Überlieferung – einst in der Nacht zum 1. Mai auf dem Brocken seine Hochzeit mit der Fruchtbarkeitsgöttin Freya gefeiert haben soll.

Den neuen Herrschern war der dunkle urwüchsige Hochharz viel zu unheimlich und furchteinflößend, und so konnten sich die Heiden zum Beispiel auf dem Wurmberg oder auf dem Hexentanzplatz sicher fühlen und Kultstätten errichten. Im Frühjahr gingen die Frauen mit Besen dort hinauf, um den Schnee und Winterschmutz wegzufegen sowie die Kultstätten für die Frühlingsfeiern vorzubereiten.

Schließlich entdeckten die Christen die Kultstätten mit den geopferten Hunden, Ziegenböcken und Kälbern. Davon ausgehend, dass man – bedingt durch die Unwegsamkeit dieses Berges – nicht so oft auf natürlichem Weg bis zum Gipfel vordringen konnte, glaubten sie, dass die Heiden auf dem dort oben gefundenen Vieh über die Moore und Urwälder hinweg auf den Brocken flogen. Die Hexen ritten durch die Luft zum Brocken!

Mit dem heute noch vielerorts bekannten Osterfeuer wird eine weitere alte, heidnische Tradition gepflegt, die dem Vertreiben des

Hobby-Hexen auf dem Weg zur Schierker Walpurgisfeier

Mit Hexen geschmückte „Alte Schmiede" in Schierke

Winters und der Begrüßung des Frühlings dient. Auch die in der Nacht zum 1. Mai auf den Brocken gerufenen Hexen tanzen hier den Schnee weg. Von den ursprünglich äußerst zahlreichen Heiden-Göttern hat sich im Zusammenhang mit der Walpurgisnacht übrigens nur der Teufel in die Gegenwart herübergerettet, der alljährlich zum großen Sabbat ruft. Der Name der gespenstischen Nacht stammt von Walpurga, Tochter des englischen Königs Richard, die 748 als Äbtissin ins Kloster Heidenheim gegangen war und kurz nach ihrem Tod 779 für ihr aufopferungsvolles asketisches Leben heilig gesprochen wurde. Sie ist die Kalenderheilige des 1. Mai.

Die Gebrüder Jacob und Wilhelm Grimm haben versucht, sich rein sprachwissenschaftlich dem Ursprung des Hexenbegriffes zu nähern. Nach ihrer Meinung stammt das Wort „Hexe" vom althochdeutschen „hagazussa" ab, was so viel bedeutet wie: die durch Wald und Flur streifende Schädigerin. Weniger wissenschaftlich befasste sich Johann Wolfgang von Goethe mit dem Hexenthema und dichtete das berühmte Hexeneinmaleins:

Du mußt verstehn!
Aus Eins mach Zehn,
Und Zwei laß gehn,
Und Drei mach gleich,
So bist du reich.
Verlier die Vier!
Aus Fünf und Sechs,
So sagt die Hex,
Mach Sieben und Acht,
So ist's vollbracht:
Und Neun ist Eins,
Und Zehn ist keins.
Das ist das Hexen-Einmaleins!

Hobby-Hexen und Freizeit-Teufel

„Hussa-Hu!“ – „Hussa-Hu!“, nur dieser Gruß des Leibhaftigen gilt am 30. April, dem Beginn der Walpurgisnacht, wenn jeder herkömmliche Gruß verpönt ist. So verflucht alt, wie man angesichts dieses teuflischen Treibens vermuten mag, ist die Tradition der Walpurgisfeiern auf dem Brocken jedoch gar nicht. Erst 1889 brachen die ersten „Gottlosen“ in Harzburg auf, um den Hexensabbat auf dem Gipfel des Blocksbergs zünftig zu begehen. Offenbar schon damals von dem außergewöhnlichen Fest begeistert, traf man sich im Jahr darauf erneut.

Ab 1892 fand die Walpurgisfeier öffentlich statt, veranstaltet vom Harzklub-Zweigverein Wernigerode, zuerst noch in Schierke, bald aber direkt beim Brockenwirt auf dem Berg. Ab 1901 setzte die Nordhausen-Wernigeröder Eisenbahngesellschaft jedes Jahr Sonderzüge zum Brocken ein. Damit erhöhte sich die Zahl der zechfreudigen Gäste auf etwa 500, für die eine aufwendige Tafel bereitet wurde.

Man hielt Festreden, rezitierte teuflische Gedichte – meist der eigenen lyrischen Feder zäh entflossen – und sang alte Melodien mit neuen Texten. So schmetterten die vom Brockenhexenlikör angeheizten Wallfahrer beispielsweise in der Melodie von „Strömt herbei, ihr Völkerscharen“: „Gerne hält man immer wieder – Zu Walpurgis droben Rast – Umtrunk, Tanz und deutsche Lieder – Freun bei Hexenspuk den Gast“.

In einem Erlebnisbericht über die Walpurgisfeier auf dem Brocken schrieb Jacob Bödewadt am 2. Mai 1912 für die Hamburger Nachrichten folgende Zeilen:

„Herzhaftes Sichzutrinken von einer Ecke des Saales zur anderen; übermütige Blicke unter Teufelshörnern hervor zu Hexenkappen ... und es bleibt nicht bei Blicken. Nimm dich in Acht vor ihren schönen Haaren! Vergebens diese Warnung Mephistos. Sie war wohl auch kaum ernst gemeint ...“

Unsere Urgroßeltern und andere Ahnen haben sich damals köstlich amüsiert. Viele von ihnen bereiteten sich sogar gewissenhaft auf die Feier mit phantasiereichen und phantastischen Kostümen vor. Kurz vor Abfahrt des Sonderzuges am Wernigeröder Westerntorbahnhof sprang immer eine kesse Schar aufgebrachter Hexen und Teufel (maskiert, bemalt, geschminkt) auf Bahnsteig und Gleis herum und trieb so manchen Schabernack mit den zahlreichen Schaulustigen, die den Spaßvögeln und dem bunt geschmückten Zug zuwinkten. Da die Eisenbahnfahrt ein Weilchen dauerte, hatten die meisten von ihnen genügend Proviant dabei – sehr wahrscheinlich mehr Schnaps als Schnitten.

In manchen Jahren gestaltete sich bereits die Abfahrt in Wernigerode zu einem kleinen Volksfest, da begeisternd jubelnde Zuschauer die Gleise durch die ganze Stadt bis zum Bahnhof Hasserode säumten. Manch einer sprang auf den im Schneckentempo dahinkriechenden Zug auf, fuhr ein Stück mit und trank einen Schluck mit. Vor allem hinter Schierke kam es oft vor, dass einzelne Brocken-Wanderer vom Sonderzug aufgelesen wurden. War im Brockenhotel die Stimmung so richtig am Sieden, nahte meist die Geisterstunde, und die Kostümierten sprangen lüstern ins Freie, wo sie auf ihren Besen ausgelassen die tollkühnsten Tänze aufführten.

Nach der Öffnung der Grenze zwischen den ehemaligen beiden deutschen Staaten erinnerte man sich sofort an die alte Walpurgistradition. Die Deutsche Reichsbahn, der zu diesem Zeitpunkt noch die 1950 einverleibten Harzer Schmalspurbahnen gehörten, organisierte Sonderzüge von Nordhausen und Wernigerode, die am 30. April 1990 voll besetzt mit teilweise als Hexen und Teufeln verkleideten Männern und Frauen nach

Schierke schnauften. Hier war nicht nur für die alten Dampfrösser Endstation, sondern auch für die Walpurgisgäste, da die Feier aus Gründen des Umweltschutzes nicht auf dem Brockenplateau stattfinden sollte.

Die Walpurgisfeier in Schierke hat sich mittlerweile zum großen Hexen-Spektakel entwickelt, zu dem jedes Jahr rund 15 000 Gäste strömen. Etwa ebenso viele Hobbyhexen und Freizeitteufel bevölkern in der Walpurgisnacht den Hexentanzplatz bei Thale, der damit neben Schierke zu den größten Walpurgisschauplätzen im Harz gehört. Auch in fast jedem anderen Harzort werden Feste und diverse Veranstaltungen angeboten. Auf dem Brocken gibt es nach wie vor keine Feier unter freiem Himmel. Lediglich eine kleine, aber feine Walpurgisparty mit Zugfahrt bietet die Brockenherberge in ihren zwei Sälen an.

Brocken-Sportereignisse

Die herausragenden Sportereignisse am Brocken sind die tollkühnen. Dazu zählt die spektakuläre Aktion des Kunstfliegers Fritz Jaschinski, der am Morgen des 30. August 1926 den Rotor seines einmotorigen Doppeldeckers anwarf und im Cockpit neben seiner Frau, der Co-Pilotin, Platz nahm. Die kleine Maschine startete in Quedlinburg ohne Komplikationen und auch der Flug zum Brocken verlief problemlos.

Pünktlich um 9 Uhr setzte die fliegende Kiste zur Landung auf dem Brockenplateau an, bei einem Gegenwind übrigens, der die Stärke sechs bis sieben erreichte. Jaschinski platzierte seinen Flieger dennoch sicher auf eine kleine Wiese von zehn Metern Breite und 60 Metern Länge und wurde gemeinsam mit seiner Frau von einer wartenden Menge jubelnd empfangen. Es schloss sich eine zünftige Feier im Brockenhotel an, wo alle Nichtbeteiligten eifrig auf die grandiose sportliche Leistung anstießen; Fritz Jaschinski musste schließlich noch zurückfliegen. Das tat er dann um 15 Uhr, jedoch ohne seine Frau – aus Sicherheitsgründen.

Diese beachtliche Aktion wollte schon ein halbes Jahr später Fluglehrer Willi Steinkrauss aus Halberstadt überbieten. Da er nicht mehr als erster Pilot auf dem Brocken landen konnte, musste Steinkrauss eben als erster im Winter die Räder seines Flugzeugs auf dem Brockenplateau aufsetzen. Gemeinsam mit einem Flugschüler startete er am 6. Februar 1927 um 9.15 Uhr in Halberstadt, um ebenfalls komplikationslos bis zum Brocken ähnlich den legendären Hexen „durch die Luft zu fliegen“. Nur die Landung ging nicht so ganz glatt über die hochgelegene Bühne wie erhofft: Ein Rotor der 35-PS-Maschine stieß in den Schnee und wurde dabei beschädigt. Vorsichtshalber demontierte man das Flugzeug in viele Einzelteile, die nach Wernigerode geschafft und auf dem ehemaligen Flugplatz am Veckenstedter Weg zusammengebaut wurden. Dann konnte das letzte Stück der Heimreise nach Halberstadt auf dem Luftweg erfolgen.

1931 überflog zum ersten Mal ein Segelflugzeug den Gipfel, am 2. August 1935 landete sogar ein Segler dort oben. Brockenüberflüge sind heute wieder häufig zu beobachten. Sie werden sogar als Bestandteil von Rundflügen angeboten. Auf dem Berg landen darf jedoch niemand mehr.

Mit einem Gleitschirm segelte Anfang August 1990 der damals 22-jährige Thomas Miksch nicht ganz legal über den Brocken hinweg. Der Bundesgrenzschützer war bei guter Thermik auf dem Rammelsberg in Goslar gestartet und auf etwa 1 800 Meter aufgestiegen. Da ihn ein kräftiger Wind in das Okertal abtrieb, wand er sein Fluggerät auf insgesamt 2 100 Meter hinauf, um nach

Start des Brockenlaufes in Ilsenburg am 3. September 2005

einem günstigen Landeplatz Ausschau zu halten. Dabei überflog Miksch den Brocken und geriet in damaliges DDR-Gebiet, wo er schließlich im Wernigeröder Ortsteil Hasserode landete. Unbürokratisch gelangte der Abenteurer abends nach Goslar zurück, wo der Leiter der Flugschule bereits eine Suchaktion veranlasst hatte.

Brockenlauf

Für Leichtathleten ist wohl vor allem der traditionelle Brockenlauf ein Begriff. Erstmals am 12. Juni 1927 trafen sich in Schierke Lauffreudige, um die 20 Kilometer lange Strecke zum Brockengipfel und zurück im fairen Wettkampf zu bewältigen. Damals lief die Aktion unter dem Titel „Nationaler Brockenlauf" und entwickelte sich zur festen Institution des Sportjahres. Die besten Läufer benötigten damals für die Strecke mit dem beachtlichen Höhenunterschied von 800 Metern etwas über eineinhalb Stunden.

Der Zweite Weltkrieg hatte 1939 auch diese Tradition beendet, die erst im Jahre 1954 Mitglieder der Betriebssportgemeinschaft (BSG) Stahl Ilsenburg wiederbelebten. Den scheinbar gut konditionierten Ilsenburger Sportsleuten genügte die 20-Kilometer-Quälerei jedoch nicht, sodass man ein Jahr später schon die Strecke um vier Kilometer verlängerte. Im Höhenunterschied brachte das ebenfalls 100 Meter zusätzlich. Aber lange sollte das Brocken-Läufer-Glück nicht währen, wofür der Berliner Mauerbau sorgte. Der 20. Brockenlauf fand 1960 statt, der 21. erst 1990.

1978 wurde der Harzgebirgslauf (HGL) aus der Taufe gehoben. Bis 1989 führte die längste Strecke über den Renneckenberg. Seit 1990 treffen sich im Oktober die Läufer in Wernigerode, um den Brockenmarathon als eine der insgesamt drei HGL-Strecken zu bewältigen. Dieser „härteste Marathon Deutschlands" fiel 1992 noch einmal aus, da die Nationalparkverwaltung die Brockenquerung untersagte. Erst das Urteil der 2. Kammer des Verwaltungsgerichts Magdeburg bewirkte 1993 endlich die Freigabe der Brockenkuppe für den Marathon.

Wintersport

Mitte der Dreißigerjahre avancierte der Oberharz zu einem Wintersportzentrum, was sich insbesondere in Braunlage und Schierke bemerkbar machte. Bereits 1927 hatte man im Eckerloch nahe Schierke eine Sprungschanze eröffnet, auf der über Jahre hinweg bedeutende Wettkämpfe ausgetragen wurden. Diese hölzerne Schanze galt wegen ihrer schattigen Lage als eine der schneesichersten in ganz Deutschland. Auch nach dem Krieg fanden hier Wettkämpfe wie beispielsweise die „Deutschen Skisprungmeisterschaften der DDR" statt. Die Sperrgebiet-Zeit hat das Bauwerk nicht überstanden. Nur ein trauriger Trümmerhaufen war übrig geblieben. Noch heute kann man hingegen Sprünge auf der Weihnachten 1933 eingeweihten Wurmbergschanze nahe Braunlage verfolgen.

Die natürliche Bobbahn, die Schierke besessen hatte, gibt es nicht mehr. Aber das Eisstadion wird bei entsprechendem Winterwetter mit Spritzeis präpariert und zum Eislaufen genutzt. Der Ort versuchte nach 1990 den Entwicklungsvorsprung Braunlages als Wintersportzentrum aufzuholen. Die Schierker brachten sich sogar kurzzeitig in die großen Medien mit der Ankündigung, sich um die Olympischen Winterspiele 2006 bewerben zu wollen. Eine langfristige Werbewirkung blieb jedoch aus. Auch das ehrgeizige Projekt „Schierke 2000" kam einige Jahre lang nicht voran. Ein Streit um die Nutzung von Flächen im Nationalpark Hochharz lähmte die Entwicklung.

Mit einem neuen Gesetz wurde 2001 die Fläche des Nationalparks um 2 000 Hektar erweitert und dafür unter anderem der Kleine Winterberg, den Schierke für seine wintersportlichen Pläne benötigt, herausgelöst. Seit Winter 2004/05 besitzt Schierke zwei große Pistenspurfahrzeuge, mit denen bei genügend Schnee täglich 40 Kilometer Loipen vom Wurmberg bis Drei Annen Hohne gepflegt werden. Dazu gehört auch eine Hochleistungsloipe, die zusätzlich zum Skiskating präpariert wird.

Seit Ende 2008 können sich Skiläufer im neuen Loipenhaus am Großen Winterberg aufwärmen. Für die nächsten Jahre sind hier ein alpiner Skihang und ein Langlaufzentrum geplant. Der Lift soll dann zum Winterberg führen. Eine Verbindung zum Skigebiet Wurmberg ist im Bereich Kaffeehorst vorgesehen. Außerdem wollen die Schierker das alte Natureisstadion zu einer Mehrzweckhalle umbauen, in der man im Sommer Tennis spielen und im Winter Schlittschuh laufen kann.

Brockenmalerei

Ihre Blütezeit erlebte die Brockenmalerei erst im 19. Jahrhundert. Doch brachten schon viel früher Kartographen den Harz zeichnerisch zu Papier. So stammt die erste subjektive Darstellung des Brocken vermutlich von Merian. Einer der ersten kolorierten Stiche, auf denen der Brocken zu sehen ist, entstand 1749 nach einer Zeichnung von L. S. Bestehorn. Ein Exemplar davon befindet sich in der Wernigeröder Harzbücherei.

Die Romantiker entdeckten den Brocken als künstlerisch verwertbares Objekt und ließen den sagenumwobenen Koloss wieder und wieder in Öl auf Leinwand, Bleistift auf Papier oder als Stich entstehen. Casper David Friedrich und Ludwig Richter zählten hierbei zur ersten Garnitur, Carl Mittag und Ernst Helbig ließen sich von den Größen beeinflussen. Bei dem Stolberger Helbig geschah das sogar direkt. Er war ein Schüler Friedrichs.

Die meisten Werke der Brockenmalerei sind Ansichten aus der Ferne. Auf diesem Gebiet versuchten sich viele Künstler, so Carl

Triebel, Richard Riemer, Karl Reinecke-Altenau, Wilhelm Pramme, Robert Naumann, Albert Hertel und Johannes Misiak. Der gebürtige Blankenburger Ulrich Bornemann (1901-1989) bannte das Brockenplateau mit Hotel, Observatorium, Aussichtsturm und Wolkenhäuschen auf seine Leinwand. Später nutzten auch Mitglieder der Wernigeröder Künstlerkolonie wie Jüttner und Betyna den Brocken als Motiv.

Schlechthin als d e r Brockenmaler gilt bei Insidern Professor Adolf Rettelbusch. Am 15. Dezember 1858 im thüringischen Kammerforst geboren, studierte der talentierte Rettelbusch in Weimar und Berlin. Nach längeren Europareisen dozierte er von 1887 bis 1924 an der Kunstgewerbeschule in Magdeburg. Seine besondere Vorliebe für den Brocken ließ ihn zahlreiche Stimmungsbilder dieses Berges malen, meist von gedämpften Farben in starken Linien bestimmt. Brockenwirt Rudolf Schade übertrug Rettelbusch in den Zwanzigerjahren den Auftrag, Hexenklause, Fürsten- und Hindenburgzimmer des Hotels auszugestalten. Nach dem letzten Pinselstrich präsentierten sich in der „Hexenklause“ ein wilder Schwarm dieser Unholde sowie des Teufels Großmutter. Mephisto hielt eine Ansprache an die Unterteufel während der Walpurgisnacht, dargestellt waren eine Hexenweihe und ein unheimlicher Märchenwald mit ebensolchen Phantasie-Geschöpfen.

Am 8. Januar 1934 starb der Brockenmaler nach langer Krankheit. Bald darauf richtete man in der „Hexenklause“ eine ständige Ausstellung mit insgesamt 60 Werken Adolf Rettelbuschs ein, die aber Opfer des Krieges wurden. Von Rettelbusch existieren heute nur noch wenige Originale.

„Das Brockenhotel mit dem hölzernen Aussichtsturm“ von Ernst Helbig (1836)

Sperrgebiet Brocken

„Ihren Ausweis bitte!" Ich schaue auf und beginne nach einem Seufzer der Erkenntnis in der Brusttasche meiner Jacke nach meinem Portemonnaie zu suchen. Ich reiche meinen blauen Ausweis hinüber.
„Wohin wollen Sie?"
„Nach Wernigerode."
„Und was wollen Sie da?"
„Meine Verlobte besuchen."
„Wo wohnt die?"
„Burgberg 13."
„So, so. Und wie kommt man dahin?"
Ich erkläre den kürzesten Fußweg detailliert. Mein grimmiges vis-à-vis bleibt grimmig, hört endlich auf, mein Personaldokument wie ein Fingerkino ständig neu zu durchblättern und gibt mir den Ausweis zurück. Noch einmal kriecht ein schlitzäugiger Blick an mir hinab und wieder hinauf, dann schlurft der Transportpolizist o-beinig weiter; die Hände auf dem Rücken verschränkt.
Magdeburg, Hauptbahnhof, Bahnsteig 10, 1986.

Wer zu DDR-Zeiten mit dem Zug reiste und auch nur andeutungsweise in die Nähe der ehemaligen Staatsgrenze zur BRD kam, kennt Szenen wie diese zur Genüge. Freilich wurde in Zubringerzügen wie nach Halberstadt, Wernigerode oder Nordhausen nicht jeder auf diese Weise von den Blauröcken belästigt. Doch waren zum Beispiel alleinreisende junge Männer die Hauptangriffsziele der Geier im Staatsdienst. Auf diese Theorie konnte man Wetten abschließen. So mussten manche unbescholtenen DDR-Bürger regelmäßig solch eine dämliche Fragerei ertragen. Wer in Grenznähe wohnte,

Brockenplateau bereits ohne Mauerring (1991)
Das Bild zeigt im Wesentlichen den Bebauungszustand Ende der 1980er Jahre

hatte nach dem Vorzeigen des Ausweises seine Ruhe.

Nach dem Zweiten Weltkrieg wurde der Brocken zur amerikanischen Enklave in der britischen Besatzungszone erklärt. Als sich hier im Anschluss an die Konferenz von Jalta die Sowjets breitmachten, verharrten die Amerikaner trotzdem auf dem Brocken wie auf einer einsamen Insel. Erst am 27. April 1947 räumten sie den Gipfel. Augenzeugen berichten, dass die GI's ein wahres Schlachtfeld hinterließen.

Neben dieser merkwürdigen US-Oase zwischen zwei fremden Besatzungszonen kommt noch eine Kuriosität auf das Konto der Konferenz im schönen Schwarzmeer-Jalta: Die Grenze wurde im Brockengebiet hinterher korrigiert. Schließlich konnte man beim Tortenschneiden in der fernen Ukraine nicht auf Krümel achten. Dort ahnte man weder etwas von der Wurmbergschanze noch von der Brockenbahn, sondern richtete sich einfach nach alten Karten und den darin verzeichneten deutschen Ländern. Die am Konferenztisch ausgehandelte Demarkationslinie verlief damit scharf hinter der Sprungschanze, sodass die Sportler geradeso Platz zum Abschwingen nach der Landung hatten. Und die Brockenbahn schnaufte ungefähr 300 Meter über westliches Territorium. Diesen unhaltbaren Zustand glich man mit einem Gebietstausch nach beiden Seiten hin aus.

Nachdem die Amerikaner ihre Enklave verlassen hatten, führte hier einer der zahlreichen „inoffiziellen“ Wege in den Westen entlang. Um den sogenannten „illegalen Grenzverkehr“ zu kontrollieren und einzuschränken, postierten die neuen Mächtigen im Osten Deutschlands ihre Knechte auf dem Brocken, wo 1951 eine Dienststelle der Volkspolizei entstand. Bald darauf wurde mit der „Verordnung über Maßnahmen zwischen der DDR und den westlichen Besatzungszonen an der Demarkationslinie“ der Brocken zur Sperrzone erklärt. Wer vom Gipfel in die Runde blicken wollte, brauchte dafür fortan einen Passierschein, der aber an DDR-Bürger damals noch äußerst „großzügig“ vergeben worden sein soll. Hingegen hatten die Westdeutschen das Nachsehen, denn für sie waren die Passierscheine nicht gedacht. Bis zur Errichtung des „Antifaschistischen Schutzwalls“ in Berlin am 13. August 1961 besaßen also die Ostdeutschen noch ihren Brocken. Tausende kamen jedes Jahr herauf, die meisten zu Fuß, etliche aber schon mit den ersten Autos wie F 8 oder Trabant 500. Auch die Brockenbahn verkehrte wieder.

Honeckers Schutzwall in Berlin beendete gleichzeitig den Tourismus auf dem Brocken. Der Sperrgürtel der Staatsgrenze fraß sich bis weit ins Land hinein, sodass er sogar Benneckenstein und Ilsenburg verschluckte. Elf Jahre später wurden die beiden Orte von dieser Last befreit; der Sperrgürtel war ab da noch fünf Kilometer breit.

Der Brocken wurde gleich doppelt gemartert: Er gehörte in die Sperrzone der Staatsgrenze und wurde zusätzlich zum militärischen Sperrgebiet erklärt und zu einer Art Festung ausgebaut. Die Grenztruppen der DDR quartierten sich im Brockenbahnhof ein, die Sowjetarmee breitete sich auf dem zum Wurmberg zeigenden Plateau aus und das Ministerium für Staatssicherheit der DDR nistete sich in einer Etage des Fernsehsenders ein.

Der schwarze hölzerne Turm am unteren Rand des Plateaus in Richtung Heinrichshöhe hatte entgegen einigen Veröffentlichungen der jüngeren Brockenliteratur höchstens indirekt etwas mit den Mielke-Truppen zu tun. Die Sozialistische Einheitspartei Deutschlands nutzte den Turm als Richtfunkstation für ihr internes Telefonnetz. Jedes SED-Kreisleitungsgebäude besaß solche Technik.

Der Stasi wurde es in den 1980er Jahren im Fernsehsender zu eng – vielleicht war die peinliche Nähe zu Zivilpersonen auch nicht mehr tragbar – und zog samt moderner Abhörtechnik in einen neu erbauten und 1985 vollendeten Betonklotz mit Antennenkuppel um. Im Volksmund hieß das hässliche Bauwerk nach der Brockenöffnung „Moschee", da es kurioserweise tatsächlich an derartige Sakralbauten erinnerte. Unter dem Kuppeldach befand sich hochempfindliche Technik, mit der die Profi-Horcher allen erreichbaren UKW-Funk der alten Bundesrepublik mithörten. Vor allem waren diese „großen Ohren" zum vollständigen Überwachen sämtlicher, zwischen der BRD und Westberlin geführter Telefongespräche gedacht, die mittels Funkbrücke von Torfhaus ausgestrahlt wurden. Reste der Antennenanlagen können

Bebauung des Brockenplateaus im Jahr 2012

inklusive der Standorte inzwischen nicht mehr vorhandener Gebäude und Anlagen

Die Ziffern bezeichnen die Standorte der Anlagen, die nach 1990 abgebaut wurden:

1 Antennengittermast für Spionage der DDR

2 Kunststoffkuppeln mit Radartechnik der Sowjetarmee

3 Antennenhäuser des Ministeriums für Staatssicherheit der DDR (MfS)

4 Grenzbeobachtungsturm

5 Antennenkuppel des MfS (später provisorisches Brockenmuseum)

6 Funkstation für SED-internes Telefonnetz („Pfeffi-Turm")

noch in der Kuppel besichtigt werden. Das gesamte Gebäude ist zum modernen Nationalparkhaus, dem „Brockenhaus" umgebaut worden. Es bietet auf drei Etagen eine abwechslungsreiche Ausstellung zum Nationalpark und zum Brocken. Hier kann man sich auch ein eigenes Video produzieren lassen. Per Bluebox-Technik wird der Besucher dabei als Brockenhexe in einen Brockenrundflug hineinprojiziert.

Auf dem höchsten Punkt des Brocken befand sich noch bis 30. März 1994 eine Einheit der GUS-Streitkräfte, die hier ebenfalls mehrere Kunststoffkuppeln aufgestellt hatten. Unter ihnen verbarg sich allerdings ganz konventionelle, fahrbare Radartechnik, die normalerweise völlig frei hätte stehen können. Aber wegen der besonderen klimatischen Bedingungen auf dem Brocken brauchten die dunkelgrünen, radarbesetzten LKW die schützenden Kunststoffkuppeln. Auf einem 1985 aufgenommenen Foto des Bundesgrenzschutzes sind diese Kuppeln bereits zu sehen. Von der jüngsten und größten stand damals jedoch lediglich das Fundament. Diese Kuppel, die hinter dem neuen Fernsehsender gestanden hat (auch sie ist inzwischen im Zuge der Renaturierung der Brockenkuppe abgetragen worden), diente ebenfalls der Funküberwachung. Anfangs hatte sich hier das Brockenmuseum etabliert.

1978 gab es bereits den Gedanken, eine massive Mauer rings um den unteren Rand des Plateaus zu ziehen. Kurzzeitig soll damals sogar schon gebaut worden sein. Drei Jahre später ging es dann richtig los. Entgegen allen zaghaften Warnungen von Experten, karrten Züge der Brockenbahn Rübeländer Kalkstein auf den Gipfel. Dieser rauhe Schotter diente den einzelnen Mauersegmenten als (wohl relativ preiswertes) Fundament. Doch das brockenfremde Gestein schadete der typischen Mattenvegetation des Granitgipfels sehr. Zu allem Unglück scheuten sich die Bauherren damals

Der wegen seines grünen Anstrichs sogenannte „Pfeffi-Turm" diente der SED als Richtfunkanlage; Abriss 1998

nicht einmal, Teile des Plateaus zu planieren und mit Schotter einzuebnen. Per Eisenbahn gelangten riesige Betonbauelemente in den Abmessungen 3,50 x 1,10 Meter bis zum Bahnhof Elend, wo man sie auf gewaltige Tieflader umlud. Die PS-Riesen ackerten die Teile hinauf zur „Baustelle Brocken". Hier mussten die winkligen Bausteine nur noch zu einer Mauer verbunden werden. 1985 war der Betonring geschlossen. Rein äußerlich war er mit der Mauer in Berlin nicht zu vergleichen, wirkte eher dilettantisch und notdürftig zusammengestückelt. Am 6. Mai 1991 begann die Bundeswehr mit dem Mauerabbau, der sich noch über den Sommer bis zum 7. Oktober hinzog.

Die eigentliche Mauerfunktion, wie sie von Berlin her bekannt war, erfüllten im Brockengebiet die berüchtigten Grenzzäune mit den Schutzstreifen davor. 1980 wurde sogar begonnen, eine Lichtschneise entlang dieses Streifens einzurichten. Eine äußerst aufwendige Unternehmung, die man zwei Jahre später wieder aufgab. Dafür sollten scharfe Bluthunde die Staatsgrenze im Brockengebiet sichern. An einer etwa fünf Meter langen Leine, die über eine Rolle etwa 50 Meter entlang des Zaunes Bewegungsfreiheit ließ, hingen diese erbarmungswürdigen Kreaturen und kläfften und heulten in die Nächte. Ob Sommer oder Winter, gleißende Hitze oder klirrender Frost – die scharf abgerichteten Tiere hatten hier auszuharren.

Besonders anfangs kam es vor, dass sich zwei dieser Tiere – meist Schäferhunde, manchmal auch Rottweiler – ins Gehege

Der Antennengittermast für die Telefonspionage der DDR und der Bungalow des Grenztruppen-Generals

kamen und gegenseitig zerfleischten. Makabrerweise beendeten die Verantwortlichen der Grenztruppen daraufhin nicht etwa das schaurige Treiben, sondern stellten die Längen der Laufleinen mit preußischer Exaktheit so ein, dass sich die Tiere zwar nicht mehr erreichen, einen zwischen zwei Hunden hindurchlaufenden „Flüchtling" jedoch packen und verletzen konnten.

Der Bau von einem Kilometer Hundelaufanlage verschlang übrigens 23 000 DDR-Mark. Verglichen mit dem Bau von nur einem Kilometer Grenzmauer war der Betrag kaum der Rede wert, denn hierfür gaben die DDR-Oberen 830 000 Mark aus. Minen gab es im Brockengebiet nicht. Diese sind vor allem im Eckertal, im Vorharz und in der Gegend von Elend und Sorge ausgelegt worden.

Obwohl weiß Gott nicht jeder fleißige Werktätige ins Sperrgebiet nach Schierke zur Erholung fahren durfte, kam es nicht selten zu sogenannten Vorkommnissen durch Touristen, die man ein paar Meter hinter dem Sperrschild als „Provokateure" aufgriff oder die auf einer Wanderung ihren Passierschein im Ferienheim vergessen hatten. Meistens wurden diese Urlauber sofort aus dem Ort gewiesen. Manchmal war damit sogar eine Geldstrafe verbunden. Der fleißige Werktätige musste ferner damit rechnen, dass die „Tat" bereits der Betriebs-, Partei- und Gewerkschaftsleitung daheim gemeldet worden war.

Am Ortsausgang von Schierke standen die Kasernen der ehemaligen Grenztruppen der DDR. Hier waren die Soldaten und Unteroffiziere untergebracht, die gerade nicht im Brockenbahnhof ihren Dienst versahen. Direkt auf dem Plateau befanden sich selten mehr als 15 Soldaten und ein paar Offiziere. Ähnlich wie sich die „Brockenbewohner" per Betonmauer von der Außenwelt rings um den Gipfel isoliert hatten, zogen sie auch innerhalb dieser Festung zusätzliche „Grenzen". Die Stasi schottete sich von

Ehemaliger Grenzzaun auf dem Goetheweg (1989)

den Sowjetsoldaten ebenso ab wie von den DDR-Grenztruppen. Es gab sogar festgelegte Wege, von denen man nach Möglichkeit nicht abweichen sollte. Besonders die Zivilbeschäftigten des Brocken – Mitarbeiter des Fernsehsenders oder der Wetterwarte – hatten sich strikt an diese Trassen zu halten.

Eine kleine, unscheinbare Holzhütte auf dem Gelände des Brockengartens verwandelte sich Anfang der 1980er Jahre in eine Luxusdatsche für einen Grenztruppen-General. Wetterwart Gottfried Glenk sah hier Handwerker ein- und ausgehen, die in dem Häuschen Bad, Klärgrube und Nachtspeicheröfen einbauten. Es wurden eigens dafür neue Elektro- und Wasserleitungen verlegt. Glenk: „Den General habe ich hier oben jedoch nie gesehen."

Dafür bekam Gottfried Glenk eines stürmischen Wintertages unverhofft Besuch, der ihm hinterher noch dienstlichen Ärger einbrachte. Um die dicken Steinwände der Wetterwarte pfiff mit Windstärke 11 der Sturm und trieb stechende Schneewolken über den Gipfel hinweg, als es unten an der Tür klingelte. Der damalige DDR-Außenminister Oskar Fischer wollte „nur einmal 'Guten Tag' sagen und sich ein bisschen aufwärmen". Schon wegen des Unwetters ließ ihn Glenk ohne Umschweife eintreten. Das war freilich völlig falsch. Zuerst hätte der Wetterwart die persönlichen Daten des Ministers notieren, diese dann telefonisch zur übergeordneten Dienststelle nach Potsdam melden und auf eine Entscheidung von dort warten müssen. Fischer wären in dieser Zeit vermutlich die Füße angefroren.

Durch ein technisches Missgeschick gelangte am 29. April 1960 von 12.30 bis 12.32 Uhr das Programm des ARD-Fernsehens auf DDR-Frequenz. So sahen selbst eingefleischte Genossen das damals besonders verfemte Westfernsehen, fragte man doch sogar die Kinder in der Schule, welche Form denn zu Hause die Uhr im Fernsehapparat habe.

„Aufmachen! Aufmachen!

Im November 1989 öffneten sich Grenzzäune und Mauern, um eine Flut von Menschen gen Westen branden zu lassen. Wanderungen im Brockengebiet waren wieder möglich, ohne Passierschein und Repressalien. Doch zunächst endete die Besteigung des Berges an der Brockenmauer. Das militärische Sperrgebiet durfte nicht betreten werden. Dagegen liefen die jungen demokratischen Gruppen auch sofort Sturm. Ein unter Federführung des Neuen Forum organisierter Sternmarsch führte am 3. Dezember 1989 Tausende Menschen sowohl von Schierke als auch von Ilsenburg aus zum Gipfel des Brocken hinauf.

Ein Grenztruppen-Offizier hatte bereits am Vormittag die ersten Wanderer mit der Information abgespeist, dass man zur Zeit prüfe, ob sich das militärische Sperrgebiet verkleinern ließe. Dann könnten vielleicht Brockengarten, Bahnhof und Wetterwarte öffentlich zugänglich werden. Enttäuscht waren die Wanderer daraufhin abgezogen. Die Massen der Sternwanderung ließen sich so jedoch nicht fortschicken. Lautstark skandierten sie: „Aufmachen! Aufmachen!" Transparent-Texte forderten freien Zugang zum Brockenplateau und Mitarbeiter der Wetterwarte entrollten ein Bettlaken an ihrem Holzturm mit der Aufschrift „Mauer weg!".

Um 12.45 Uhr geschah dann das Unglaubliche. Ein Mitglied des Rot-Kreuz-Bergunfalldienstes verkündete der wartenden Menge: „Das Tor wird geöffnet." Die zehn anwesenden Grenzsoldaten seien freigestellt, um für einen „geordneten Aufenthalt" der vielen unerwarteten Besucher zu sorgen; unbewaffnet selbstverständlich. Die Menschen jubelten und feierten anschließend bei herrlichem Sonnenschein und guter Sicht noch stundenlang auf dem Plateau.

Die Grenztruppen kümmerten sich fortan nur noch darum, wie sie das von ihnen besetzte Gebiet des Brockenplateaus am besten und schnellsten räumen konnten. Am 29. Januar 1991 war es dann so weit: Mit dem Abzug aller Soldaten und Offiziere endete das Brockenkapitel der Grenztruppen-Geschichte.

Der Bahnhof ging sofort in den Besitz der Deutschen Reichsbahn über, da ihr de facto seit der Enteignung die ehemals privaten Harzer Schmalspurbahnen gehörten. Im selben Atemzug unterzeichneten ein Justiziar der Reichsbahn und der neue Brockenwirt Hans Steinhoff auf einer grobschlächtigen Holzbank im Brockenbahnhof einen Vertrag über die Bewirtschaftung. Die Deut-

10. Jahrestag der Brocken-Öffnung

Die Teilnehmer des Sternmarsches erzwangen die Öffnung am 3. Dezember 1989

sche Reichsbahn sah sich von der Lawine der Aufgaben überrollt und gezwungen, das Bahnhofsgebäude vorläufig in fremde Hände zu geben. In zähen Verhandlungen gelang es Steinhoff, mit der Reichsbahn einen langfristigen Vertrag zur „Eröffnung einer privatwirtschaftlich organisierten Gaststätte“ zu schließen. Bereits Anfang Februar standen im Brockenbahnhof 80 Sitzplätze zur Verfügung, auf denen sich die Wanderer bei heißer Suppe, Bockwürstchen oder belegten Broten sowie Tee, Kaffee, Grog und Glühwein aufwärmen und stärken konnten.

Der Brocken wurde d e r Anziehungspunkt im Harz. Trotz Schnee und eisiger Kälte zog es beispielsweise im Februar 1991 allein an einem Wochenende 15 000 Menschen auf den höchsten Gipfel Norddeutschlands. An sonnigen Sommerwochenenden werden inzwischen bis zu 30 000 Gäste gezählt.

Gipfelstürmer Brocken-Benno

Weder Wind noch Wetter können ihn aufhalten. Wenn der Berg ruft, zieht der Wernigeröder Benno Schmidt die Wanderschuhe an und marschiert hinauf zum Brocken. Und der Berg hat in den letzten Jahren ziemlich oft gerufen. Im Guinness-Buch steht es schwarz auf weiß: „Er bestieg vom 3. Dezember 1989 bis zum 18. März 1999 insgesamt 2 180 mal den mit 1 142 m höchsten Berg im Harz“. Damit ist Benno Schmidt der „tüchtigste Brockenwanderer“ im Rekordebuch, Ausgabe 2000.

„Brocken-Benno“, wie er sich stolz nennen lässt, wanderte seit Öffnung der Brockenmauer 1989 fast jeden Tag meist von Schierke aus auf den Harzgipfel. Im Jahr 2012 feierte er, begleitet von über 150 Wanderern, seinen 6 666. Aufstieg und dies genau am 22. Mai zu seinem 80. Geburtstag. Damit hat der Wernigeröder auf seinen Brockentouren rund 90 000 Kilometer zurückgelegt. Wanderfreunde stifteten ihm zu Ehren eine Granitbank. Die Brocken-Benno-Bank wurde an dem Jubiläumstag unmittelbar neben dem Gedenkstein zur Brockenmauer-Öffnung eingeweiht.

Unten im Tal wird Benno Schmidt ob seines Wandereifers von manchem Zeitgenos-

6 666. Ankunft Brocken-Bennos (rechts) auf dem Berg

sen belächelt. „Aber die meisten reagieren positiv", so Schmidt und sogar Reinhold Messner habe ihm nach einer persönlichen Begegnung geschrieben: „Sie sind auf dem richtigen Weg". Dabei gehe es Brocken-Benno nicht in erster Linie um die Rekorde. Vielmehr motivieren ihn die Naturerlebnisse, die Freude am Wandern, die Begegnung mit anderen Menschen und natürlich der gesundheitliche Effekt. Drei bis vier Stunden plane er täglich für die Brockenbesteigung ein. Das regelmäßige Überwinden von mindestens 500 Höhenmetern auf durchschnittlich 15 Kilometern Wanderstrecke härten ab, genauso das auf dem Gipfel vorherrschende rauhe Klima. In den vergangenen Jahren blieb er von Erkältungen verschont.

Angefangen hat alles am 3. Dezember 1989. „Damals ging das Gerücht um, dass der Brocken geöffnet wird", erinnert sich Benno Schmidt, der als Wanderleiter des Harzklub-Zweigvereins Wernigerode auch auf anderen Strecken im Harz anzutreffen ist (aktueller Terminplan unter www.brockenbenno.de). Gemeinsam mit anderen Wanderfreunden schloss er sich an jenem Dezembertag einem großen Sternmarsch zum Brocken an, um hier für die Öffnung des Plateaus zu demonstrieren. Und wie schon zuvor in Berlin „fiel" auch auf dem Brocken der Betonwall. Nach fünf Jahren trafen sich Wanderer abermals dort, wo sich einst das Tor aufgetan hatte, um an der Stelle, wo der Rundwanderweg die Brockenstraße kreuzt, einen Gedenkstein mit der Aufschrift „Brocken wieder frei! Maueröffnung nach 28 Jahren hier." einzuweihen.

In der Riege der emsigen Brockenwanderer steht Benno Schmidt nicht allein. Der Klub der Hunderter zählt über 30 Individualisten, die sich traditionell am 3. Advent bei Brockenwirt Steinhoff treffen, um Erfahrungen und neueste Marschzahlen auszutauschen. Das sind Leute, die nach der Wende über einhundertmal auf dem norddeutschen Gipfel waren, darunter Wanderer aus Wernigerode, Goslar, Bad Harzburg, Braunschweig und Hannover.

Schon in der Vergangenheit gab es sportliche Brockenstürmer. Den Wander-Rekord hielt bis 1939 der Kaufmann Willi Beyer („Brocken-Willi") aus Wernigerode mit 650 Aufstiegen. Willi Fricke („Brockengeist"), Sparkassenangestellter in Wernigerode, feierte 1941 immerhin seine 500. Brockenbesteigung und der Schierker Postbote Riemenschneider soll zwischen 1932 und 1961 insgesamt 6 000 Mal dienstlich auf dem Gipfel gewesen sein.

Jeder Aufstieg wird genau dokumentiert, mit Datum und Stempel des Brockenwirtes im Wanderpass. Den Rekord bei den Frauen hält die Bad Harzburgerin Sigrid Schröter. Als Brocken-Benno am 22. Mai 2012 seinen 6 666. Aufstieg feierte, zählte sie ihren 2 862 und ihr Ehemann Erich Schröter seinen 4 250. Aufstieg.

Vom Technotop zum Biotop

Mit der „Befreiung" des Brocken begann seine Befreiung von den zahlreichen Bauten aus der Zeit des Kalten Krieges. Regie führte jetzt der „Nationalpark Hochharz", dessen Entstehung noch in der letzten Volkskammersitzung der DDR im August 1990 beschlossen worden war. Knapp 6 000 Hektar Harz inklusive Brocken sind per Verordnung von 1990 als „Nationalpark Hochharz" unter Schutz gestellt worden. 1994 kam der niedersächsische „Nationalpark Harz" hinzu.

Das Gebiet vom „Hochharz" wurde in drei Zonen eingeteilt. Die höchste Schutzzone – Kernzone – die möglichst von keinem Menschen mehr betreten werden sollte, befindet sich rund um den Brocken. Die sogenannte „Renaturierung der Brockenkuppe", der Rückbau zugunsten der Natur, war damit beschlossene Sache. Zuerst verschwand die drei Meter hohe und rund 2 500 Meter lange Betonmauer, die rund um den Gipfel führte. Vorgelagerte Stacheldrahtzäune folgten. Dann wurden Wachtürme, Antennenmasten, Radaranlagen und Kuppeln abgerissen.

Von den in der DDR-Zeit errichteten Bauten blieb nur die „Brockenmoschee" erhalten. Nachdem die Stasi-Altlasten aus dem Haus entfernt waren, zog 1992 das Brockenmuseum ein. Acht Jahre später war das gesamte Gebäude zum Nationalparkhaus, dem „Brockenhaus" umgebaut. Das Land Sachsen-Anhalt investierte dafür rund fünf Millionen Mark und ließ sich auch die multimediale Ausstellung einiges kosten.

Ein kleines Nationalparkhaus, in dem man sich auf seine Brockenbesteigung vorbereiten kann, steht seit Ende 2008 an Schierkes Ortsausgang Richtung Brocken und ein neues großes Informationszentrum mit moderner Exposition für den gesamten Nationalpark wurde am 2. Januar 2009 in Torfhaus direkt auf dem Großparkplatz eröffnet.

Obwohl sich der Brocken im Dezember 1989 für die Besucher geöffnet hatte, galt dies nicht für eine rund 25 000 m^2 große Fläche mit dem höchsten Punkt in der Mitte. Dort befand sich das sogenannte „Russencamp". Zehn bis zwanzig Soldaten patrouillierten hier täglich. Sie gehörten zu einer in Quarmbeck bei Quedlinburg stationierten Gruppe. Am 30. März 1994 verließen die russischen Soldaten den Gipfel. Die Fläche ging für die symbolische Mark vom Bund an den Nationalpark Hochharz. Die Militäranlagen wurden anschließend abgerissen und die Fläche umgestaltet.

Bereits seit Mitte der 1990er Jahre war eine Fusion der beiden Nationalparks im Gespräch, deren Realisierung sich aber bis Dezember 2005 hinzog. Jetzt besteht auf insgesamt 24 700 ha mit dem Brocken als Zentrum nur noch der Nationalpark Harz.

Nach dem Abzug der GUS-Truppen

Ein Brocken auf dem Brocken

Die Brockenuhr hat nur 48 Minuten und vier Stunden. An ihr drehen sich keine Zeiger und in der Mitte hockt statt eines Uhrwerks ein Felsbrocken. Der wiederum kann auch keine Uhrzeit anzeigen, sondern die Höhe des Berges mit einer Pfeilmarkierung. Wie bei vielen Dingen auf diesem Gipfel hat also auch die Uhr auf dem Brocken ihre Besonderheiten. Am 26. August 1997 fuhren schwere Baufahrzeuge auf den Harzgipfel. Im Gepäck hatten sie sechs überdimensionale Granitfindlinge. Ein 40-Tonnen-Kran setzte die Steine zu einem Ensemble zusammen, das nun den Gipfelpunkt markiert.

Schema der Brockenuhr

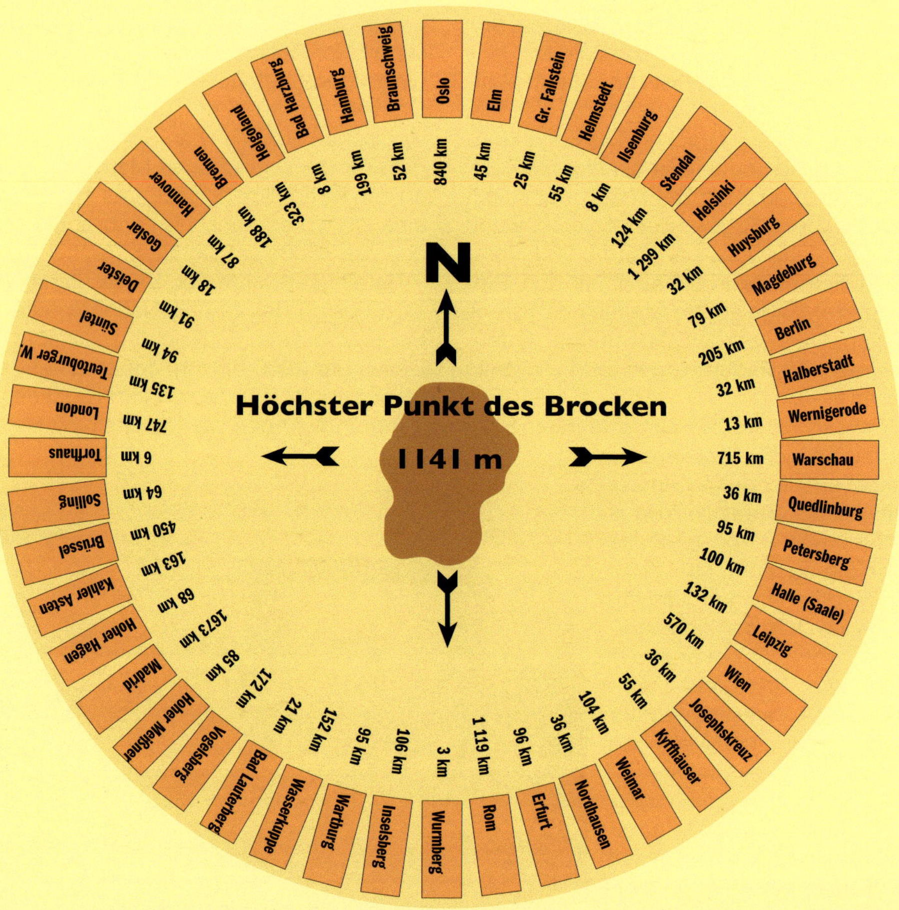

In einem Kreis von 30 Metern Durchmesser wurden auf dem Boden um den Granitfelsen 48 metergroße Bronzetafeln ausgelegt und montiert. Sie zeigen Richtungen und Entfernungen zu markanten Punkten, nahen oder fernen Bergen und Städten rundherum an. Weitere vier Tafeln im 15-Meter-Kreis weisen als Pfeilspitzen in die vier Himmelsrichtungen. Der größte Stein, ein etwa 19 Tonnen schwerer Granitblock, trägt in Bronze die Aufschrift „Brocken 1 142 m". Eingeweiht wurde die Brockenuhr am 3. Oktober 1997 durch Politprominenz vor einigen hundert Schaulustigen. Der Nationalpark schloss damit das Kapitel „Renaturierung des Gipfelpunktes" ab.

Inzwischen flanieren die Brockenbesucher gern entlang der Bronzetafeln, erfahren dann zum Beispiel, in welcher Richtung Magdeburg, Berlin, der Kyffhäuser, der Wurmberg oder gar Madrid und Warschau liegen und wie weit man als Vogel bis dorthin fliegen müsste. Bei klarem Wetter geben die Tafeln eine gute Orientierungshilfe, denn viele der angegebenen Punkte können dann vom Brocken auch gesehen werden. Und schließlich braucht man ja ein Gipfelfoto fürs Familienalbum – was passt da besser als der Granitfelsen mit Höhenangabe!

1997 stiftete eine Medien-Meldung Verwirrung: Laut aktuellen Messungen sei der Brocken eigentlich nur etwas über 1 141 Meter hoch. Wie das? Ein Blick in die Geschichte brachte Klarheit. Der Preußische Generalstab kam beim Vermessen des Berggipfels 1849 auf das gleiche Ergebnis: 1 141,091 Meter. Die Preußen hatten aber auch die Höhe 1 142,273 Meter gemessen. Diese Angabe bezog sich allerdings auf die Spitze eines Steinpfeilers, der als Messpunkt diente. Zwar ist dieser schon lange nicht mehr vorhanden, aber von da an stand auf allen Karten die gerundete Höhe von 1 142 Metern. Die wollten sich die Harzer natürlich nicht nehmen lassen. Also „hob" die neue Felsgruppe den Berg wieder an. Die Bronzetafel „Brocken 1 142 m" montierte man exakt auf diese Höhe. Inzwischen beginnt sich der tatsächliche Wert allerdings mehr und mehr durchzusetzen, weshalb man wohl noch einige Jahre mit zwei Varianten in der Öffentlichkeit leben muss.

Die Granitblöcke werden gesetzt

Um die Gipfelgestaltung hatte es bis zuletzt Meinungsverschiedenheiten in der Region gegeben. So favorisierten Wanderführer des Harzklubs das Aufstellen eines einzelnen Granitblocks. Zur Wahl standen Steine, die jeweils zwischen 50 und 70 Tonnen wogen. Doch auf der Brockenstraße sind nur 15 Tonnen zugelassen und ein Hubschraubertransport war zu kostspielig. Als Alternative einigte man sich auf die etwas kleinere Steingruppe. Zu den Akten gelegt wurden auch Pläne, nach denen die Steine mit tanzenden Hexen- und Teufelsskulpturen versehen werden sollten.

BROCKENHAUS

Das Brockenmuseum, 1991 als Teil des Wernigeröder Harzmuseums geschaffen, entwickelte sich schnell zu einem Besuchermagnet. Rund 125 000 Menschen sahen sich zuletzt jährlich die kleine Ausstellung an. Im August 1998 wurde diese positive Entwicklung unterbrochen, denn die Umbauarbeiten zum „Brockenhaus" begannen.

Angefangen hatte die Umsetzung der Museumsidee im Jahr 1991 mit einigen ABM-Kräften und der Initiative von Dr. Horst Scheffler, dem damaligen Leiter des Harzmuseums in Wernigerode, eine ausgediente Radarkuppel provisorisch zum Brockenmuseum umzugestalten. Im rauhen Brockenklima war der Dienst im Museum höchst ungemütlich, denn die Kuppel aus Glasfasern und Kunststoff ließ sich nicht heizen und war auch nicht isoliert.

Ab 1. Juni 1991 konnte man in der alten Kuppel auf Schautafeln Wissenswertes über die Brockennatur und die alten Grenzanlagen erfahren, außerdem das älteste Stück Schiene der Brockenbahn sowie Original-Abhörtechnik bestaunen. Am 1. Juni 1993 zog das Brockenmuseum dann in das einstige Stasigebäude um, das inzwischen dem Land Sachsen-Anhalt gehörte. Auf einer Etage des dreistöckigen Kuppelbaus richteten Museumsleiter Gerd Borchert und seine Mitarbeiter die Ausstellung ein. Sie informierte noch umfassender über die Geschichte des Berges, über die Mystik um Hexen und Teufel sowie über die Entwicklung des Nationalparks Hochharz, unter anderem mittels mehrerer Modelle zur Bebauung des Berges.

Nachdem die Landesregierung in Magdeburg bereits 1993 den Umbau der Radarkuppel angekündigt hatte, begannen die Arbeiten endlich 1998. Mit mehreren Verzögerungen ist das „Brockenhaus" im Juni 2000 eröffnet worden. Das Gebäude hat einen gläsernen Anbau erhalten, der über alle drei Etagen reicht und einen weiten Blick über den Harz und das Umland ermöglicht. Neben den Ausstellungsräumen gibt es auch ein kleines Café sowie Unterkünfte für Nationalpark-Ranger und Mitglieder der Bergwacht. Die Kuppel auf dem Dach mit Resten der alten Horchantennen ist ebenfalls zu besichtigen. Bei schönem Wetter kann der Besucher von dort aus nach draußen gehen und vom Dach des Hauses einen weiten Rundblick genießen.

Eine Multimediaschau macht Naturschauspiele, wie ein uriges Brockengewitter mit Blitz und Donner, hinter Glas erlebbar. Neben Wissenswertem zu Geschichte, Mystik und Natur des Brocken will das „Brockenhaus" auch die Geschichte und Philosophie des Nationalparks Harz vermitteln.

Links: Das moderne Brockenhaus

Radarkuppel als Museum (1991)

Brockenbesteigungen

Ungezählt blieben die vielen Menschen, die im Laufe der Jahrhunderte das Brockenplateau betraten. Die wenigsten Brockenbesteigungen aus alter Zeit sind uns überliefert. Vornehmlich politische, wissenschaftliche und künstlerische Prominenz weist die Geschichtsschreibung aus.

Wer nun tatsächlich als erster Mensch vom Blocksberg in die Runde schaute, ist unbekannt. Es geschah jedenfalls mit großer Gewissheit lange vor dem 16. Jahrhundert, da sonst die meisten Blocksbergsagen überhaupt nicht hätten entstehen können. Nur gab es damals eben niemanden, der die Nachricht von dieser herausragenden sportlichen Leistung in Granitfels meißelte und somit bis in unsere Zeit hinübertrug.

Nach den verfügbaren schriftlichen Überlieferungen könnte der Gelehrte Tilemann Stolz 1560 auf dem Brocken gestanden haben und damit den Anspruch auf die erste Brockenbesteigung erheben. Doch der Fall Stolz ist umstritten. Dass allein drei Varianten für die Schreibweise des Namens (Stolz, Stoltz, Stoll) in der einschlägigen Literatur auftauchen, stellt hierbei sicher das kleinere Übel dar.

Tilemann Stolz war ein angesehener Kartograph, der unter anderem durch mehrere Länder Europas, durch Ägypten und Palästina gereist war. Die Nachricht von der Brockenbesteigung stammt aus einem privaten Hochzeitsgedicht, in dem kurz auf das Ereignis eingegangen wird. Dieser vagen Quelle zufolge soll sich Stolz mitten im Winter (!) auf den höchsten Harzgipfel gewagt haben. Der größte Zweifel kommt jedoch auf, wenn man eine Karte „des deutschen Landes" zu Rate zieht, die Stolz 1560 veröffentlichte. Hierauf fehlt nicht nur der Brocken, sondern der gesamte Harz.

Zweifelsfrei sind hingegen die Brockenbesteigungen von Johannes Thal, der sich ab 1570 mehrmals auf den unwirtlichen Gesellen hinaufbemühte. Der aus Nordhausen stammende Arzt galt als leidenschaftlicher Botaniker. Da er über viele Jahre die gräfliche Familie medizinisch betreute, erhielt er von Graf Wolf Ernst zu Stolberg-Wernigerode die Erlaubnis, den zu den gräflichen Besitztümern gehörenden Berg auf dessen Pflanzenwelt hin zu untersuchen. Der junge Wissenschaftler benutzte für seine Wanderungen verschiedene Wege, die teilweise sogar mitten durch Moorgebiet führten. 1588 veröffentlichte Thal ein in Fachkreisen viel beachtetes Werk über die Pflanzenwelt des Harzes.

Weniger gelehrt ging es zu, als der Braunschweiger Herzog Heinrich Julius mit Gattin und Hofstaat dem berühmt-berüchtigten Berge auf das kahle Haupt rückte. Der Monarch wollte mit dieser Unternehmung vor allem seiner bezaubernden Gattin, einer jungen und hübschen Prinzessin des dänischen Königshauses, einen richtigen Berg zeigen. Das mutige Vorhaben teilte man dem regierenden Grafen in Wernigerode schon Monate zuvor mit, sodass die Harzer genügend Zeit hatten, den herzoglichen Ausflug sorgfältig vorzubereiten. Etliche unwegsame Pfade wurden aufwendig mit Bohlen befestigt, damit Herzog und Gefolge samt Kutschen durch das Brockengebirge fahren konnten.

Im Frühsommer des Jahres 1591 schleppte sich dann der endlose Tross an der Plessenburg vorbei bis unterhalb des Plateaus, von wo aus die Kutschen beim besten Willen nicht mehr weiterfahren konnten. Ob das zarte adlige Geblüt nun auf echtem Pferderücken oder tatsächlich nur auf Schusters

Rechts: Blick vom Dach der Wetterwarte nach Westen

Rappen den Gipfel erreichte, berichten die Überlieferungen nicht. Aber dass Herzog, Gattin und Hofstaat tatsächlich oben ankamen, ist verbürgt.

Es soll sich anschließend herumgesprochen haben, dass der Brocken nicht nur besteigbar war, sondern ebenso eine lohnende Aussicht bis weit ins deutsche Land hinein bot. So trafen bald in Ilsenburg und Wernigerode etwas häufiger Reisende ein, die den Brocken bezwingen wollten. Einheimische boten gegen ein Entgelt ihre Führerdienste an, wodurch das Abenteuer für die Reisenden jedoch meist abenteuerlich blieb, da sich selbst die Ansässigen im unerschlossenen Brockengebiet häufig verirrten. Die ersten zaghaften touristischen Versuche kann man jedenfalls guten Gewissens in diese Zeit datieren.

Die erste Beschreibung des großen deutschen Berges verdankt die Nachwelt dem Hildesheimer Bürgermeister Henni Arneken, der sich schon im August 1579 auf dem Gipfel verzücken ließ. Er beschrieb die Brockenkuppe als Heidegelände mit großen Steinen, wo sich außerdem eine Quelle von der Größe eines Tisches fand.

Einen Schritt weiter wollte im 17. Jahrhundert der Magdeburger Bürgermeister und Physiker Otto von Guericke gehen. Keine bloße Beschreibung des Gipfels trieb ihn 1658 mit einem Diener auf den Blocksberg, sondern das Vorhaben, dort oben den Luftdruck zu messen. Guericke, den heute jedes Schulkind mit der Entdeckung des Vakuums und damit einhergehend mit den berühmten Magdeburger Halbkugeln in Verbindung bringen muss, wollte von den gewonnenen Luftdruckwerten die Höhe des Brocken ableiten. Kaum waren der Wissenschaftler und sein tolpatschiger Diener von Ilsenburg aufgebrochen, stolperte der Lakai und zerschlug dabei das mitgeführte Barometer. Zwar setzten die beiden ihren Weg bis auf den Gipfel noch fort, doch aus den vielversprechenden Messungen wurde erstmal nichts. Guericke hat das Unternehmen nie wiederholt.

Einen der ersten ausführlichen Berichte einer Brockenbesteigung verfasste der Hallenser Superintendent Gottfried Olearius, der sich am 19. Juli 1656 auf dem Berg aufhielt. Er zeigte sich besonders von seinem alpinen Charakter beeindruckt: *„... die Tannen und Bäume allmählig sich verlohren und abgenommen, bis wir auf den platten Berg und deßen Obertheil kommen, worauf wir bei schönen, hellen, beständigen Wetter und Sonnenschein, auch ziemlich stiller temperirter Lufft ohne Kälte und Winde ... kleine und großen Felsen oder Klippen ... ein fast dürres Land ohne Schnee, mit Heyde, wenig Graß, und gleichwohl unterschiedene schöne Kräuter in viel größerer Quantität als sonst gefunden, und ... einen schönen klaren, kühlen und süßen Quell ... angetroffen“.*

Zar Peter der Große war schon in jungen Jahren sehr am wirtschaftlichen Aufschwung Russlands interessiert und wollte diesen schwierigen Prozess weder dem Selbstlauf noch anderen überlassen. Deshalb entschloss er sich, die beiden für ihn besonders wichtigen Industriezweige Hüttenwesen und Schiffbau auf einer Inkognito-Reise über westeuropäische Staaten bis nach den Niederlanden zu studieren.

Als der damals 25-jährige, vom Militärdienst gut durchtrainierte Monarch Deutschland erreichte, gelang es ihm nicht überall, seine verdeckte Identität zu wahren. So sprach es sich in der Grafschaft Wernigerode sehr schnell herum, welch hoher Gast über Gröningen nach Ilsenburg kommen wollte, um hier die berühmte Ilsenburger Hütte zu besichtigen. Graf Ernst zu Stolberg-Wernigerode ließ es sich nicht nehmen, gemeinsam mit dem Zaren den Brocken von Ilsenburg aus per pedes zu besteigen, worum übrigens beide kein großes Tam-Tam machten. Mit minimaler Gefolgschaft nahmen Zar und Graf den Brocken sozusagen „im Handstreich“. So schnell wie der Inkognito-Zar gekommen war, verschwand

„Das Brockenhaus", kolorierter Kupferstich von J. Koch (1800)

er in Richtung Holland, wo er vor allem in Amsterdam tatsächlich lange unerkannt im Schiffbau spionierte. Diesen heiklen Stoff verarbeitete später Albert Lortzing in der berühmten Oper „Zar und Zimmermann".

Während der Glanzzeiten des französischen Kaisers Napoleon Bonaparte fiel die Grafschaft Wernigerode samt Brocken an den neuen Staat Königreich Westfalen. Die Niederlage Preußens im Krieg gegen Napoleons Truppen kostete die gesamten Gebiete westlich der Elbe, wo sich Napoleons Bruder Jérôme Bonaparte als prunk- und vergnügungssüchtiger Monarch von – gelinde gesagt – beschränkter politischer Intelligenz austoben konnte. Seiner sorglosen Lebensweise wegen nannte ihn das betroffene deutsche Volk auch „König Lustik". Da Jérôme ständig vor leeren Staatskassen stand, versuchte er krampfhaft Geld aufzutreiben. So überlegte er nicht lange, als einer seiner Berater ihm zuflüsterte, sich intensiver um die Hütten im Harz zu kümmern, denn hier sei viel mehr herauszuholen.

Am 4. August 1811 brach der König mit Gattin und pompösem Hofstaat zu einer Harzreise auf. Während die Wernigeröder dem Besatzer-Kaiser ebenso zujubelten wie Jahre zuvor noch dem preußischen Monarchen, zeigte sich Vater Brocken in dieser Hinsicht prinzipientreuer. Er versauerte dem fremden Herrscher nach allen Regeln der Kunst den Ausflug. Zuerst hüllte sich der Berg in dicken Nebel, dann kam kräftiger Dauerregen hinzu. Die Erde weichte auf und erschwerte der von Ilsenburg nahenden Wagenkolonne das Vorwärtskommen. Nach quälenden Strapazen kamen Königspaar und Gefolge doch auf dem Gipfel an, wo das königliche Personal unter anderem die Küche des Gasthauses in Beschlag nahm. In den frühen Morgenstunden des nächsten Tages entzündete sich durch die Unvorsichtigkeit eines französischen Bediensteten ein schnell um sich greifendes Feuer, das alle im Schlaf überraschte. Trotz panischem Durcheinander gelang es zum Glück bald, die hoch schlagenden Flammen zu löschen.

Nicht nur Wasser, auch Bouillon platschte dabei in das Feuer. Nach diesem Schrecken war dem „König Lustik" dann doch gar nicht mehr komisch zumute. Eilig verließ der Wagen-Konvoi das Brockenplateau.

„Der Brocken ist ein Deutscher. Mit deutscher Gründlichkeit zeigt er uns, klar und deutlich, wie ein Riesenpanorama, die vielen hundert Städte, Städtchen und Dörfer, die meistens nördlich liegen ... Der Berg hat auch so etwas Deutschruhiges, Verständiges, Tolerantes; eben weil er die Dinge so weit und klar überschauen kann."

So sah der Dichter Heinrich Heine den Brocken. Vom 19. zum 20. September 1824 übernachtete er im Gasthaus auf dem Gipfel, worüber er später in seiner „Harzreise" berichtete. Der damals 27-jährige Heine, den besonders quälend die Zersplitterung Deutschlands beschäftigte, war fasziniert von der Erhabenheit des Brocken und der Möglichkeit, von seinem Gipfel tief ins deutsche Land hineinzuschauen. Und er war beeindruckt vom Naturerlebnis Brocken, insbesondere vom Sonnenaufgang:

„Auf dem Turm fand ich schon einige Harrende, die sich die frierenden Hände rieben, andere, noch den Schlaf in den Augen, taumelten herauf. Endlich stand die stille Gemeinde von gestern abend wieder ganz versammelt, und schweigend sahen wir, wie am Horizont die kleine karmesinrote Kugel emporstieg, eine winterlich dämmernde Beleuchtung sich verbreitete, die Berge wie in einem weißwallenden Meer schwammen und bloß die Spitzen derselben sichtbar hervortraten, so daß man auf einem kleinen Hügel zu stehen glaubt, mitten auf einer überschwemmten Ebene, wo nur hier und da eine trockene Erdscholle hervortritt."

Ein anderer Romantiker, der bei uns vor allem durch seine Kunstmärchen bekannt geworden ist, weilte 1831 auf dem Brocken: Hans Christian Andersen. Der dänische Dichter wanderte am 26. Mai von Goslar aus über Ilsenburg, wobei ihn die romantisch dahinplätschernde Ilse in ihren Bann zog. Oben auf dem Plateau angekommen, dichtete Andersen spontan ein paar Verse und trug sich ins Besucherbuch des Gasthauses ein. Nachdem er den Aufstieg allein unternommen hatte, schloss er sich auf dem Rückweg einer größeren Reisegruppe an. Diese längere Wanderung zum Brocken verewigte er später in den „Reiseschatten von einem Ausfluge nach dem Harz".

Reichskanzler Otto von Bismarck erklomm zweimal den Brocken. Einmal geschah dies bereits in seiner Studentenzeit am 10. Juni 1832 und dann am 29. Juli 1846 während eines Harzurlaubs. Dieser Aufenthalt sollte für Bismarck schicksalsschwere Bedeutung erhalten, denn in der luftigen Brockenhöhe verliebte sich der junge Mann in Johanna von Puttkammer, die er ein Jahr später heiratete. Das sollte aber nicht die einzige Verbindung bleiben, die Bismarck zum Brocken und zum Harz einging. Gegen Ende des Jahrhunderts hatte sich Otto Fürst zu Stolberg-Wernigerode bis in Bismarcks Kabinett hoch gearbeitet und nahm sogar den Stellvertreterstuhl des ersten deutschen Kanzlers ein.

Insgesamt 16-mal besuchte Hermann Löns während eines mehrwöchigen Wernigerode-Urlaubs den Brockengipfel. Meistens bezwang der passionierte Naturfreund den Berg zu Fuß, doch auch die Eisenbahn brachte ihn hinauf. Als emsiger Journalist wollte er seiner Redaktion auch einen Beitrag über die Brockenbahn liefern, denn ganz ohne Arbeit kam Löns auch im Urlaub nicht aus.

So entstanden die Aufsätze „Auf der Brockenbahn", „Brockengeheimnisse" und „Brockenfrühling" sowie die berühmte Plauderei „Die bunte Stadt am Harz", nach der sich Wernigerode seinen noch heute verwendeten Beinamen gab. Breiten Raum widmete der Heide-Dichter den geheimnisvollen Brockenmooren, die er seitenweise in den „Brockengeheimnissen" beschrieb: *„Die Moore sind es, die des Brocken Würde aufrecht erhalten. ... wo der weiche Torf schwankt und das schleimige Moos quillt, wo die Moosbeere rankt und das Wollgras seine Silberseidenfahne schwenkt, Rosmarienheide sich in schwarzen Lachen spiegelt, hohl der Kuckuck läutet und dünn die Moorlerche zirpt, da kann man schweifen den ganzen lieben, langen Tag ..."*

Und noch ein bedeutender Gast des Blocksbergs sei erwähnt: König Fuad von Ägypten. Während eines Staatsbesuchs in Berlin unternahm er einen Abstecher nach Wernigerode, wo ihn im Juni 1929 die Bevölkerung der Stadt und die Familie von Fürst Christian Ernst für ein paar Tage herzlich als Gast begrüßten. Der weitgereiste Monarch erwiderte damit den Besuch des Fürsten auf dessen Ägypten-Reise. Am 22. Juni stieg man in ein Auto und knatterte den Brocken hinauf bis direkt vor das Hotel, wo bereits ein prächtiges Mittagessen vorbereitet worden war. Am Nachmittag fuhren Fürst und König zurück nach Wernigerode.

Der Goetheweg (1994) wurde 2008/09 bohlenfrei naturnah erneuert

Goethe und der Brocken

Wer ist eigentlich Herr Weber?

Oktobertag. Sonntagfrüh.

„Ich sehe, du packst tatsächlich deinen Koffer. Ich habe es für einen Scherz gehalten, daß du wegen dieses Herrn Weber in den Harz fahren willst."

„Was ich dir sagte, ist alles richtig. Dieser Herr Weber reiste vor einiger Zeit durch den Harz, um geologische Studien zu machen, und besuchte bei dieser Gelegenheit auch den Brocken. Diese Tatsache erscheint heute wichtig genug, um Herrn Weber auf dem Brocken ein Denkmal zu setzen."

„Vor einiger Zeit, sagst du? Kannst du dich nicht präziser ausdrücken?"

„Fast genau vor 150 Jahren."

„Ich habe von einem Geologen namens Weber noch nie etwas gehört. Wie heißt er mit Vornamen?"

„Entschuldige, das weiß ich nicht. Ich glaube, das weiß auch kein Mensch."

„Sehr merkwürdig. Hat dieser Herr Weber auf seiner Reise wichtige Entdeckungen gemacht?"

„Entdeckungen, ja. Ich glaube, sogar wichtige Entdeckungen. Er hat z. B. eine organische Verbindung zwischen Granit und Jaspis festgestellt, die bisher unbekannt war. Er hat entdeckt, daß es nicht, wie bisher angenommen wurde, eine einzige Art von Feldspat gibt, sondern reichlich 20 verschiedene Sorten."

„Ich glaube immer noch, es ist alles Schwindel, was du da erzählst."

Heutige Goethe-Plakette am Wolkenhäuschen

„Den Entwurf zu dem Denkmal habe ich vor einigen Wochen mit eigenen Augen gesehen. Es ist ein bescheidenes Denkmal nur, eine Plakette aus Bronze, nach einem Medaillon von Melchior, angebracht auf der dem Brockenhotel zugekehrten Seite des Wolkenhäuschens, du weißt, jener historischen Herberge, auf der in alter Zeit die Brockenbesucher kampierten.
Bitte, nun reich mir Hut und Wanderstab und bestelle ein Auto."

„Ihr seid komische Leute."

Ich weiß kaum etwas Besseres, als mit guten Freunden eine Fahrt ins Blaue zu machen. Wir hocken zu Dritt, Otto, Körner und ich, in der Bahn, erzählen uns von diesem Herrn Weber (auch die beiden anderen wissen nicht, wie Herr Weber mit Vornamen heißt), bis Halberstadt ist die Landschaft langweilig, in Halberstadt, eine Stunde Aufenthalt, bedient uns ein alter Herr, ein Prachtstück von altmodischem Kellner, es ist so, als beginne ein kleines Lustspiel, in dem wir die handelnden Figuren sind, die Gelehrten aus Weimar treffen ein, wir kommen an Ströbeck vorbei, kleinem Nest, einzigem Ort in Deutschland, wo der Schachunterricht obligatorisch ist, herrlicher Tag, in Wernigerode steigen wir in die Harzquerbahn, die Bahn ist überfüllt, alles wegen dieses Herrn Weber, die Bahn schnauft in die Berge hinan, wir stehen auf der Plattform, denn Otto will durchaus einen richtigen Hirschbock sehn, der Atem der Wälder weht kühl, vor einer Station steht eine törichte Jungfrau, abschiednehmend von einer Freundin, und ruft ihr zu, daß sie eine Gänsehaut habe. Der Zug fährt weiter, die Wälder stehen schwarz und grün und feierlich und nach zehn Minuten Schweigens sagt Körner: „Gans mit Mädchenhaut. Mädchen mit Gänsehaut. Warum sagt sie es noch?"
„Alles aussteigen." Das Gepäck besorgt der Hotelwagen. Wir gehen im sinkenden Licht durch die Gegend zwischen Schierke und Elend. Hier hast du, denke ich heimlich, viele herrliche Monate deines Lebens verbracht. Die Bode rauscht, Tannen und Felsgestein, das ist in tausend Jahren auch nicht anders. Wir rechnen nach, wie alt dieser Herr Weber damals war, als er durch diese Gegend schritt. Er war achtundzwanzig Jahre alt. Ich beschließe: Es ist herrlich zu leben auf der Welt.
Im Hotel in Schierke treffe ich unversehens meinen alten Freund Frerking. „Mensch, rasch, es bedrückt mich. Wie heißt dieser Herr Weber mit Vornamen?" Frerking weiß alles. „Johann Wilhelm heißt er."
Wir hatten gemeint, im Hotel 30 Fahrtgenossen vorzufinden. Es waren vierhundert da. Vierhundert feierlich bewegte Menschen.
Intermezzo: Günther Deneke berichtet. Es sei schwierig gewesen, für 400 Menschen im Brockenhotel Quartier zu schaffen. Unter anderem habe sich ein Studienassessor Müller gemeldet. Oben im Hotel müßten je drei Personen in einem Zimmer untergebracht werden. Also habe man den Studienassessor Müller zusammen mit dem Pastor Meier und dem Studienrat Schulze in ein Zimmer legen wollen. Jetzt eben sei der Studienassessor Müller eingetroffen und habe fürchterlich zu weinen angefangen, denn er hieße doch Käte mit Vornamen.
„Dem Adler gleich ... schwebe mein Lied."
Der Mensch, um den es sich hier handelt, trug den Namen Johann Wilhelm Weber nur für 14 Tage seines Lebens. Er ist bekannter geworden unter seinem richtigen Namen.

Vierhundert Menschen fuhren am Montag morgen gleich mir auf den Brocken hinauf, kamen auf dem Brocken an, begaben sich, dreihundertsiebenundneunzig feierlich Bewegte, unverzüglich in den Saal des Brockenhotels, um Geigenmusik und Vorträge zu hören, bildungswichtige und hochgelehrte Vorträge ..., Ansprache des Oberpräsidenten, Deklamation von Gedichten, ach, ich weiß nicht einmal das Programm.
Ich hatte keinen Mut. Meine beiden Freunde auch nicht. Ich habe kein Wort von diesen wichtigen Wissens- und Herzenssachen gehört.
Es war Nachmittag geworden, das Meer war hell wie Aquamarin, eine ungeheure Kasper-David-Friedrich-Landschaft in Silbergrau, Hellblau, Linie zu Linie scharf gehoben, bis zum

Schwarzblau tat sich auf, bis zu einem Pechschwarz, zu einer klingenden Orgie in Blau. Die Sonne sank in wilder Pracht, und zehn Minuten danach schräg gegenüber kletterte ein Licht auf, klare Scheibe in Goldgelb, der Vollmond.
Zaubernacht. Vierhundert feierlich Bewegte gehen wie auf einer Bühne auf und ab, das Meer leuchtet, der Mond steht ganz hoch, grell leuchtende Kugel, junge Leute haben eben ein Freudenfeuer abgebrannt, es ist lautlose Stille, magische Stunde, die Walpurgisnacht beginnt; lustspielmäßig, wie ich sagen muß. Der Landpfarrer von Wakefield, weiße Babylöckchen am Hinterkopf, schwarzer Gehrock, Kniehosen, hoppt im Sprungschritt, o Maienrose, süßes Kind, Ophelia erscheint, brandrote Zöpfe über dem weißen Kleid, ach, sie mag zwölf Jahre alt sein oder vierzehn, Fips der Affe wird sichtbar, mit vorgestreckten Händen rudernd trifft Don Quichotte ein und deklamiert grausam schlechte Provinzverse. Vor hundertfünfzig Jahren ritt ein achtundzwanzigjähriger Mensch durch den Harz, weil er seinem Dämon gehorsam war. Er war in dieser Nacht mitten unter uns.
Auf der Heimreise sagte Otto: „Zu buchen sind drei mit Anstand verlebte Tage, an Menschengewinn der alte Kellner im Bahnhofsrestaurant zu Halberstadt."
Wir sind komische Leute.

Carl Bulcke im Oktober 1927 *(leicht gekürzte Fassung)*

Was für ein Aufwand! „Vierhundert feierlich Bewegte", Vorträge, Rezitationen, eine Denkmalsenthüllung. Und das alles wegen eines Herrn Weber, den kaum jemand kennt? Unvorstellbar! Doch was steckt dahinter?

Der sich als Maler ausgebende Johann Wilhelm Weber reiste Ende November / Anfang Dezember des Jahres 1777 von Weimar aus, wo er erst kurz zuvor in den Beamtenstand getreten war, in den Harz. Er machte in Elbingerode Station und kletterte in die Baumannshöhle. Einen ganzen Tag lang lief und kroch er durch die märchenhaft mit Tropfgestein verzauberten unterirdischen Welten, zeichnete und zeichnete auf.

Am Morgen des 3. Dezember nahm der vielseitig begabte Maler dann Abschied von Rübeland, um sein nächstes Ziel anzusteuern: Wernigerode. Erst nach Einbruch der Dunkelheit traf Weber, der wie gesagt in Wirklichkeit einen auch damals schon bekannteren Namen trug, in der verträumten Nordharz-Stadt ein, um Friedrich Leberecht Plessing (1749-1805) zu besuchen. Dieser Plessing soll ein merkwürdiger junger Mann gewesen sein, der seit Erscheinen des berühmten Buches „Die Leiden des jungen Werther" in beinahe schon krankhafter Schizophrenie lebte, da er sich selbst für den gequälten Werther hielt. Doch das taten andere auch, denn bald nach der Veröffentlichung der ersten Auflage dieses Werkes trat die revolutionierende „Werther-Krankheit" bei vielen gleich gesinnten Zeitgenossen auf. Wen verwundert es da, wenn auch Plessing und Weber das Werther-Problem zu ihrem Thema machten an diesem sich lang hinstreckenden Diskussionsabend in einem Haus am Oberpfarrkirchhof.

Johann Wilhelm Weber war in seinem Staatsamte auch für die Ilmenauer Gruben zuständig. Vor allem deshalb hatte es ihn jetzt in den Harz gezogen, gab er vor, denn es lohnte sich durchaus, den Harzer Bergbau gründlich zu studieren. So sattelte der Beamte am Morgen des 4. Dezember gleich wieder sein Pferd und trottete nach Goslar weiter, wo er sich für mehrere Tage in einer Gastwirtschaft einquartierte. Von hier aus besuchte er Bergbau- und Hüttenbetriebe der Umgebung, wie beispielsweise die in Oker.

Das Brockenwirtshaus auf der Heinrichshöhe (um 1795)

Nachdem der treue Staatsdiener nach etwa fünf Tagen in Goslar seine hauptsächlichen Pflichten während dieser Reise erfüllt hatte, zog es ihn weiter in den Oberharz; nach Altenau. Von hier begab er sich am Morgen des 10. Dezember nach Torfhaus, wo er zunächst ins dortige Forst- und Wirtshaus einkehrte, das damals Förster Degen bewirtschaftete. Hier offenbarte Weber den vermutlich ursprünglichen Grund seiner Reise: Er wollte den Brocken besteigen. Und das mitten im Winter!

„Völlig unmöglich!" mag es Förster Degen damals entwichen sein, nachdem der junge Mann ihn gefragt hatte, ob er nicht jemanden kenne, der ihn auf den höchsten Harzgipfel geleiten könne. „Völlig unmöglich!" hätte damals sicher auch jeder andere, ja selbst versierte Wanderführer herausgeplatzt, denn eine Brockenbesteigung im Winter galt als lebensgefährliches Unterfangen und sei angeblich bis zu diesem Zeitpunkt auch noch niemandem geglückt. Zumindest war kein solcher Fall bekannt.

Weber sah aus dem Fenster und seufzte tief. Vom Brocken war nichts zu ahnen, dichter Nebel nahm gleich wenige Schritte vor dem Forsthaus die Sicht. Die Chancen standen äußerst schlecht. Und schlecht fühlte sich auch Weber, der die lange und strapaziöse Reise vom Thüringischen bis zum Herz des Harzes unternommen hatte, um nun doch sein wichtigstes Ziel nicht zu erreichen.

„Ich war still und bat die Götter, das Herz dieses Menschen zu wenden und das Wetter und war still", schrieb er später in einem Brief an seine Geliebte. Das Verzweiflungsgebet schien nicht ungehört verhallt zu sein, denn wie durch ein Wunder hob sich plötzlich die bis eben noch schwer auf der schneebedeckten Winterlandschaft lastende Nebeldecke und gab den Brocken frei. Mondän lag er auf einmal in der Ferne da wie ein lieber Verwandter, der bis eben noch überlegt hat, ob er sich verleugnen oder den unerwarteten Besuch zu sich lassen will.

Von der flach am azurblauen Winterhimmel stehenden Sonne wie auf einer Bühne in grelles Licht getaucht, von Abermillionen winzigen Schneekristallen funkelnd verstärkt, lag er vor dem Fremden und schien ihn förmlich zu einer persönlichen Bekanntschaft aufzufordern. Förster Degen erkannte sicher, dass jetzt nichts und niemand mehr den jungen Gast von seinem Vorhaben abbringen konnte und bot ihm deshalb seine Begleitung an. Weber war außer sich vor Freude und keinen Augenblick länger mehr in der Hütte am Torfhaus zu halten.

Seine Begeisterung hielt während der gesamten Wanderung und noch lange danach an: „Ich hab's nicht geglaubt bis auf der obersten Klippe. Alle Nebel lagen unten, und oben war herrliche Klarheit, und heute Nacht bis früh war er im Mondschein sichtbar, und finster auch in der Morgendämmerung, da ich aufbrach“, teilte Weber abermals seiner Geliebten in einem am nächsten Tag verfassten Brief mit.

Weber und Degen waren um 10.15 Uhr aufgebrochen und standen nach anstrengendem Fußmarsch durch streckenweise verharschten Schnee endlich um 13.15 Uhr auf dem Gipfel des Brocken; für den jungen Mann aus Weimar höchstes Glücksgefühl: „... und ich war oben heut und habe auf dem Teufelsaltar meinem Gott den liebsten Dank geopfert.“ Rings um den Brockengipfel lag ein unheimlich anmutendes, erstarrtes Meer aus Nebel und Wolken. Nur der Berg selbst ragte wie eine Insel aus diesen wattigen Wassern heraus, von gleißender Sonne beschienen.

Bald mussten sich die beiden jedoch von dieser Faszination losreißen und den Heimweg antreten, um nicht Gefahr zu laufen, sich im Dunkeln zu verirren. Gegen 16 Uhr kamen Degen und Weber wohlbehalten in der Torfhaus-Herberge an.

Johann Wilhelm Weber bezwang den Brocken in seinem Leben noch zweimal. Bei seinem letzten Besuch 1784 trug er sich ins Gästebuch des damaligen Brockenhauses auf der Heinrichshöhe mit einem in Latein verfassten Vierzeiler ein, den er mit seinem wirklichen Namen zeichnete und später selbst übersetzte:

Wär nicht das Auge sonnenhaft
Wie könnt' es Göttliches erblicken;
Wär nicht in uns des Gottes eigne Kraft,
Wie könnt' uns Göttliches entzücken?
d. 4. Sept. 1784 *Goethe*

Sozusagen ohne besondere Vorkommnisse verlief die zweite Brockenbesteigung des Johann Wolfgang Goethe am 22. September 1783. Der Meister aus Weimar verfügte diesmal über ein kleines Gefolge, bestehend aus Fritz, dem Sohn der Charlotte von Stein, der er bereits bei seiner Reise 1777 die erwähnten Briefe sandte, Vizeberghauptmann von Trebra, einem einheimischen Freund aus Zellerfeld, sowie seinem treuen Diener Sutor. Der Anmarsch glich weitgehend dem ersten Aufstieg, nur dass man sich diesmal für die gesamte Operation zwei Tage Zeit nahm und im Brockenhaus auf der Heinrichshöhe übernachtete.

Mit der Brockenwanderung am 3./4. September des darauffolgenden Jahres verband sich für Goethe vor allem eine große Enttäuschung. Bis zum letzten Tag hatte er gehofft, seinen Geburtstag am 28. August auf dem Gipfel des Brocken feiern zu können. Die Pflicht zog ihm allerdings einen Strich durch diese Rechnung, denn Goethe befand sich zu dieser Zeit als Mitglied einer Delegation des Weimarer Herzogs am Hofe des Herzogs zu Braunschweig. Die Amtsgeschäfte, bei denen Goethe unabkömmlich war, duldeten keinen Aufschub, sodass er zu diesem Zeitpunkt ganz Politiker sein und sowohl den Dichter als auch den Wissenschaftler in ihm hintenan stellen musste.

„Teufelsaltar" (Goethe)

Nachdem die Politik endlich in Form von Verträgen, Erklärungen und ähnlichem ad acta gelegt worden war, blieben Goethe Anfang September schließlich noch ein paar Tage zum Wandern im Harz und natürlich zu einer Brockenbesteigung. Diesmal begleitete ihn der Maler Georg Melchior Kraus, der dem Wissenschaftler Goethe vor allem bei dessen geologischen Untersuchungen eine wertvolle Hilfe war, indem er etliche Zeichnungen von Gesteinsproben anfertigte.

Den drei Reisen zum Gipfel des Brocken maß Goethe nicht nur geologische, sondern auch literarische Bedeutung bei. Die Besuche auf dem sagenumwobenen Blocksberg stellten eine Art Lokaltermin, eine Vor-Ort-Recherche zu seinem großen Thema „Faust" dar. Und in diesem überwältigenden, weltweit gelesenen zweiteiligen Meisterwerk verewigte Goethe sowohl den Brocken, als auch die Orte Elend und Schierke. Er ließ Dr. Faust und Mephistopheles an der Walpurgisnacht teilnehmen, die Bekanntschaft mit Irrlichtern im Bodetal machen und gemeinsam mit einer Schar Hexen zum Brocken reiten. Kaum ein Vers der berühmten Walpurgisnacht-Szene, der noch nicht zitiert worden wäre:

HEXEN IM CHOR:
Die Hexen zu dem Brocken ziehn,
Die Stoppel ist gelb, die Saat ist grün.
Dort sammelt sich der große Hauf,
Herr Urian sitzt obenauf.
So geht es über Stein und Stock,
Es f—t die Hexe, es st—t der Bock.

Goethe verarbeitete in seinem „Faust I" viele der klassischen Elemente der dubiosen Hexen-Literatur des 16. und 17. Jahrhunderts. Da liest sich der „schwere Klassiker" beinahe amüsant und unterhaltend:

CHOR DER HEXEN:
Die Salbe gibt den Hexen Mut,
Ein Lumpen ist zum Segel gut,
Ein gutes Schiff ist jeder Trog;
Der flieget nie, der heut nicht flog.
BEIDE CHÖRE:
Und wenn wir um den Gipfel ziehn,
So streichet an dem Boden hin.
Und deckt die Heide weit und breit
Mit eurem Schwarm der Hexenheit.
Sie lassen sich nieder.
MEPHISTOPHELES:
Das drängt und stößt, das rutscht und klappert!
Das zischt und quirlt, das zieht und plappert!
Das leuchtet, sprüht und stinkt und brennt!
Ein wahres Hexenelement!

Die Faustgestalt mit ihren scharfen, an die Grundsätze menschlicher Moral vordringenden Widersprüchen hat schon den jugendlichen Goethe in ihren Bann gezogen. Begierig verschlang er das bereits 1587 veröffentlichte „Volksbuch" über Dr. Faust, sah sich zahllose Theaterstücke und Puppenspiele an. Nach jahrelanger Auseinandersetzung mit dem Stoff schrieb er schließlich den „Urfaust", den er 1775 einem Weimarer Hoffräulein zum Abschreiben gab. Es folgte ein längerer Aufenthalt in Italien.

Erst 1790 ließ der berühmte Arzt, der mit dem Teufel einen Pakt geschlossen hatte, durch Goethes Feder wieder von sich hören, in Form von „Faust – ein Fragment". Es sollte noch bis 1806 dauern, dass endlich „Faust – Der Tragödie erster Teil" erschien.

Ausschnitt aus der Wanderkarte „Der Harz und Kyffhäuser"

ISBN 978-3-928977-49-4 EUR 5,80

Rohnberg
564
462
Zanthier-platz
Ilse-stein
Adlerklippe
Stumpfrücken
Wassertal
Halberstädter Berg
438
280
Öhrenfeld
Kiefer-klippen
Paternoster-klippe
22 A
Jagdhaus
571
Moosklippe
50 F
Harschen-höllenklippe
Baumhof
417
Spitzenberg
Haidknüll
369
Bremer Weg
25 F
Nackte Steinklippe
Tänntal
470
Schloteberg
Ripper-berg
Kapitels-berg
Jägertal
Mühlstieg
Heine-Denkmal
573
Unterer Gebberts-berg
Dreisage-blocks-klippe
464
Kantorberg
572
452
Ilsefälle
Dreisage-Blocksberg
622
Gh Plessenburg
55 B
575
Meineberg
Wernigerode
Bremer Hütte
Karlsklippe
22 B
Pissekenplatz
Kastanien-platz
Ilsetal
Oberer Gebbertsberg
649
Wolfs- oder Pfortenberg
686
Huysburger
Huysburger-Häu-Weg
Henrichstal
Ober-förster-Koch-Weg
Sienberg
493
Marklingeroder
Schwengs-kopf
Ferdinand-stein
55 C
Alexander-stieg
21 C
Häu
Stammers-höhe
Brandhäu
Holz
Pieperberg
Goslarsche Gleie
Weiße Steine
Wolfsklippen
Luchsloch
Jägergrund
Treppbruch
Teufelsburg
Bielstein
Mönchsbuche
Bielsteinchaussee
Bf Steinerne Renne
604
Großer Jägerkopf
746
Kleiner Birkenkopf
Hurlheiskopf
Wolfstor
21 A
Silberner Mann
Verdeckte Ilse
Schlüsie
Sonnen-klippe
750
Kleiner Jägerkopf
725
Trichter
Großer Birkenkopf
665
25 D
591
Kleine Renne
Steinerne Renne
Hippeln
Wasser
668
Soldansweg
22 B
11 E
Kantor-kopf
30 I
Untere Zeter-klippen
55 D
Chaussee B
Zwölferklippe
Steinerne Bucht
Renneklippe
Eisenbahn-Tunnel
Stern
Hohe Wand
Gh Steinerne Renne
Thumkuhlental
Braunes
Harzquer- und Brockenbahn
Hagenstr.
Große Zeter-klippen
930
Öhrenklippen
695
Hanneckenbruch
Wenzel-stein
Renne-Fälle
Großer Thum-kuhlenkopf
Gelber Brink
Molken-haus
Hölle
Chaussee A
11 D
Holtemme
Vitikopf
22 C
Gebohrter Stein
560
Bergwacht
Forstmeister-Sietz-Weg
Victor-von-Scheffel-Weg
617
655
Toten Moor
Blumen-topf
Brücknerstieg
Kl. Holtemme
Oberer Hohneweg
559
22 D
Ottofelsen
Karlshaus
678
Hohenstein-klippen
Ellenbogen-Chaussee
Rennecken-berg
Eiserner Handweiser
Urwaldstieg
Am Brockenbett
Brocken-kinder
Höllen-stieg
Landmannsklippe
805
Treppenstieg
734
Arnoldklippe
Dreikäseklippe
Hagen-denkmal
Hohnebruch
Ilse-quelle
Mönchs-stein
Kapellen-klippen
927
Höllenklippe
880
Grenzklippe
Beerenstieg
Eschwegestraße
Hohnepfahl
571
Drei Annen Jugendwaldheim
Mönchs-bruch
55 E
Glas-hüttenweg
Pferdekopf
857
Hohneklippen
30 H/25 D
Leisten-klippe
901
Kaiser-worth
10 D
Alte Bobbahn
Schlungs-klippe
854
Jakobsbruch
783
Moorstieg
Bärenklippe
850
807
10 B
Naturerlebnis-zentrum Hohnehof
Quitschenhai
Wasserwerk
10 D
30 G
Erdbeerkopf
846
Ahrens-klint
Spinne
Glashüttenweg
Trudenstein
Kies-grube
10 C
Wormkegraben
25 B
NL
Schluft-wiesen
10 E
Kühle Quelle
Wormke
Hohnekopf
Hufeisen-häu
Bf Drei Annen Hohne
Schierke
17 H
Pfarrstieg
Feuerstein-klippen
Knaups-holz
Kirchstieg
658
Regensteiner Köpfe
Allwetter-rodelbahn
Bf Schierke
633
Gelber Weg
711
Müllers-hai
Elendstal
Ackerweg
Quesenbank
556
Hagenstraße
Rövers-bruch
Sellekebach
Wurm-bergstieg
Gestellweg
Braunes Wasser
Mauseklippe
Schnarcher-klippen
Schierker Stern
Feuer-
Feuerstein-wiesen
steine
Schwarze Steine
Dammastbach
Kl. Winterberg
836
18 D
Spechtweg
30 E
Helenen-ruh
Steuerkopf

Brockenwanderungen

Die wohl gesündeste und auch schönste Art, den Nationalpark und den Brocken zu erleben, ist das Wandern. Aus verschiedenen Richtungen führen reizvolle Wege hinauf zum Gipfel, die auch unterschiedliche Steigungen und damit Anforderungen an das Wandervermögen stellen.
Wer eine Wanderung zum Brocken plant, sollte sich aber bewusst sein, das dies kein Spaziergang ist. Eine entsprechende Ausrüstung ist unbedingt nötig. Dies müssen keine hoch geschnürten Wanderschuhe und Knickerbocker sein, aber festes Schuhwerk, wetterfeste Kleidung und auch im Sommer eine Jacke sollten grundsätzlich nicht fehlen. Auf dem Brocken ist es oft empfindlich kühler als im Tal und das Wetter kann jederzeit schnell umschlagen. In den Rucksack gehört dann auch neben etwas Proviant ein Erste-Hilfe-Päckchen. Empfehlenswert ist ein Wanderstock. So ausgerüstet, macht der Aufstieg sicher Spaß.

Torfhaus – Goetheweg – Brocken

Der bekannteste und bequemste Brockenwanderweg – wohl auch der am meisten benutzte – beginnt auf der Westseite in Torfhaus und ist Teil des Harzer Hexen-Stiegs. Vom Großparkplatz Torfhaus steigt man in den 2008/09 naturnah ausgebauten Goethe-Wanderweg ein. Es geht vorbei am Torfhausmoor und dem Brockenfeld. Der Weg quert die ehemalige innerdeutsche Grenze und vereinigt sich mit anderen Wanderwegen am Eckersprung. Von dort aus führt der Goetheweg entlang der Brockenbahn bis auf die Brockenstraße. Auf ihr erfolgt der letzte Teil des Anstiegs. Für die Tour müssen rund drei Stunden eingeplant werden. Weitere Einstiege sind entlang der B 4 zwischen Torfhaus und Oderbrück sowie in Oderbrück zu finden. Am Eckersprung führen alle Wege zusammen.

Schierke – Brockenstraße – Brocken

Von Schierke aus führen mehrere schöne Wanderwege hinauf zum Brocken. Am wenigsten anstrengend ist hier die einfache Variante auf der bis August 2012 in mehreren Bauabschnitten grundlegend sanierten, asphaltierten Brockenstraße. Gleich am Ortsausgang Schierke gibt es im Nationalparkhaus viele aktuelle Informationen. Der Marsch dauert gut zwei Stunden. Höhepunkt auf der Strecke ist seit Dezember 2005 der knapp 200 Meter lange hölzerne Urwaldstieg, der am Brockenbett direkt in die streng geschützte Kernzone führt.

Schierke – Eckerloch – Brocken

Ein spannender, aber auch anstrengender Aufstieg führt durch das Eckerloch zum Brocken hinauf. Die Länge des Weges beträgt etwa sieben Kilometer. Zunächst biegt man am Wasserwerk an der Brockenstraße rechts in den Wald ein. Am Schluftwasser entlang geht es steil bergan. Dieser Weg führt teilweise mitten durch den Nationalpark, ist aber ausgeschildert und der Öffentlichkeit zugänglich. Wer die einzigartige Brockennatur atmen will, findet hier ganz sicher Gelegenheit dazu.
Der Weg führt ohne Serpentinen steil hinauf, kreuzt kurz die Brockenstraße, um dann abermals im Brockenurwald zu verschwinden. Im Eckerloch schließlich trifft man auf die Brockenbahngleise, dahinter sind ein Hangmoorgebiet zu durchqueren sowie große und teils glitschige Felsbrocken zu überwinden. Knapp unterhalb des Plateaus erreicht man die Brockenstraße.
Die 1997 neu ausgebaute Wegstrecke durch das Eckerloch wurde 2008 umfassend erneuert. Stege führen über das Moor und Treppen über die Felsklippen. Die Route ist in einer Stunde zu schaffen; um die Natur richtig genießen zu können, sollte man

Am Beginn des 2005 angelegten Brockenurwald-Stieges

etwas mehr Zeit einplanen. Der Weg durch das Eckerloch ist auch der steilste Anstieg zum Brocken und deshalb geübten Wanderern zu empfehlen.

Schierke – Alte Bobbahn – Brocken

Weniger anspruchsvoll im Vergleich zum Eckerloch ist die Bergtour ab Bahnhof Schierke entlang der Alten Bobbahn. Auf diesen Weg trifft man auch, wenn man in Schierke die Brockenstraße bis kurz vor dem Ortsausgang läuft und am Hotel „Brockenscheideck“ rechts in den Wald einbiegt. Nach etwa einer Dreiviertelstunde erreicht man die Brockenstraße und kurz darauf die Kreuzung mit den Wanderwegen aus Ilsenburg, Schierke und Drei Annen Hohne.

Ilsenburg – Ilsetal – Brocken

Mindestens drei Stunden braucht man für die Wanderung von Ilsenburg aus. Hier führt ein romantischer Waldweg entlang der Ilse. Der Einstieg erfolgt im Ilsetal, man geht unterhalb des Ilsesteines entlang und folgt dem Flusslauf. Der Weg führt vorbei an den Ilsefällen und an der verdeckten Ilse und endet dann auf der Kreuzung an der Brockenstraße. Heinrich Heine benutzte diesen Wanderweg zum Brocken 1824 und beschrieb ihn später in seiner „Harzreise“. Ihm zu Ehren heißt der Weg Heinrich-Heine-Weg. Schautafeln informieren an markanten Punkten über den Dichter. Sie enthalten auch Textauszüge, die sich auf die jeweiligen Standorte beziehen.

Auf dem Harzer Grenzweg zum Brocken

Eine weitere schöne Aufstiegsmöglichkeit führt auf dem Harzer Grenzweg entlang des Grünen Bandes (gekennzeichnet mit dem Symbol). Der Einstieg erfolgt direkt an der Eckerbrücke in Stapelburg. Man gelangt, mal links und mal rechts der Ecker, bis zur Staumauer und über Treppen und einen kleinen Schlenker (Asphaltstraße) auf die Mauerkrone. Die Route führt über diese hinweg und am östlichen Stauseeufer (Brockenblick!) entlang zum Scharfenstein. Hier gibt es eine Ranger-Station mit Einkehrmöglichkeit und Nationalpark-Informationsstelle.

Der letzte Teil des Weges verläuft steil über den Hirtenstieg, einem Kolonnenweg entlang der ehemaligen Grenze. Für diese Wegstrecke benötigt man viel Atem. Der Hirtenstieg ist der einzige Wanderweg, der nicht in die Brockenstraße mündet, sondern direkt zum Gipfel führt.

Bad Harzburg – Molkenhaus – Brocken

Die Brocken-Wanderung von Bad Harzburg aus führt zunächst über einen der zahlreichen Wege zum Molkenhaus, ein Stück weiter quert man kurz vor dem Stausee die Ecker. Über den Hirtenstieg, vorbei am sogenannten Kleinen Brocken, gelangt man direkt auf das Plateau des richtigen Brocken.

Tagestour: Wernigerode-Hasserode – Gasthaus Plessenburg – Brocken

Von Wernigerode-Hasserode führt ein kaum ansteigender Wanderweg vorbei am 1989 anlässlich der friedlichen Revolution in der DDR eingeweihten „Bürgerbrunnen“ und am Naturdenkmal „Mönchsbuche“ zum Gasthaus Plessenburg. Von hier läuft man entweder gleich in Richtung Oberer Meineckenberg, um frühzeitig auf die Ilsenburg-Route zu treffen, oder man wandert an Jägerkopf und Ohrenklippen vorbei in Richtung Renneckenberg, um kurz vor der Brockenstraßen-Kreuzung auf den Ilsenburger Weg zu stoßen.

Tagestour: Braunlage – Wurmberg – Dreieckiger Pfahl – Goetheweg – Brocken

Von Braunlage aus führt ein direkter Wanderweg auf den Wurmberg, wo man in der Wurmbergbaude verschnaufen und sich stärken kann. Anschließend biegt man links ein mit Ziel Dreieckiger Pfahl. Von dort gelangt man bald auf den Goetheweg, der über den Königsberg zum Brocken führt.

Winterdienst auf dem Brocken mit schwerem Geschütz

Titelbild: Brockenkuppe mit Brockenhaus, Fernsehsender und Brockenherberge
Foto Seite 2: Alpenmohn im Brockengarten

Bibliografische Information der Deutschen Nationalbibliothek
Die Deutsche Nationalbibliothek verzeichnet diese Publikation in der Deutschen Nationalbibliografie; detaillierte bibliografische Daten sind im Internet über http://dnb.ddb.de abrufbar.

Es fotografierten Thorsten Schmidt und Jürgen Korsch

S. 10 Nationalpark Harz; S. 24, 47, 65, 71 Sammlung Stiftung Dome und Schlösser in Sachsen-Anhalt; S. 27, 28, 66 Harzbücherei; S. 32 Sammlung Hans Röper; S. 40 Horst Koschinski; S. 45 Frank Drechsler; S. 48 Klaus-Dieter Sögding; S. 55 Gerhard Eichler; S. 78 Benno Schmidt

Lektorat: Marion Schmidt
Kartografie (Grundlage): Bernhard Spachmüller
Kartografie (Bearbeitung für diese Ausgabe): Thorsten Schmidt

Die Winde 45; 38855 Wernigerode; Tel.: (0 39 43) 2 32 46, Fax: (0 39 43) 4 50 10
E-mail: info@schmidt-buch-verlag.de
7., aktualisierte Auflage 2012, 31. - 35. Tsd.
Layout und Bildbearbeitung: Schmidt-Buch-Verlag, Wernigerode
Druck und Weiterverarbeitung: Grafisches Centrum Cuno GmbH & Co. KG

Internet: www.schmidt-buch-verlag.de

ISBN 978-3-928977-59-3

Der Harzer Verlag
für Bücher und Kartografie

Schmidt BUCH

- Reiseführer
- Stadtführer
- Stadtpläne
- Wanderkarten
- Freizeitkarten
- Bildbände

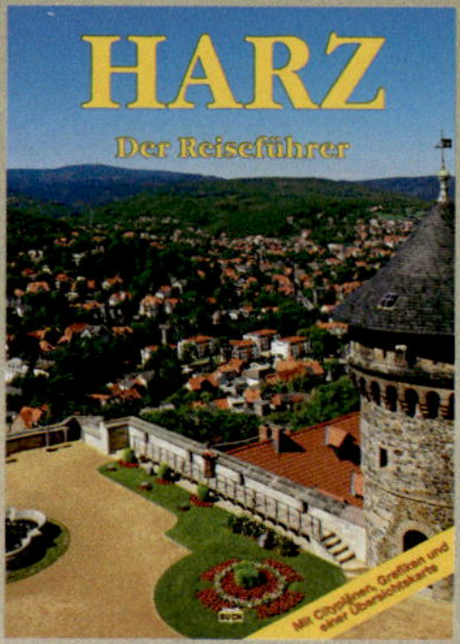

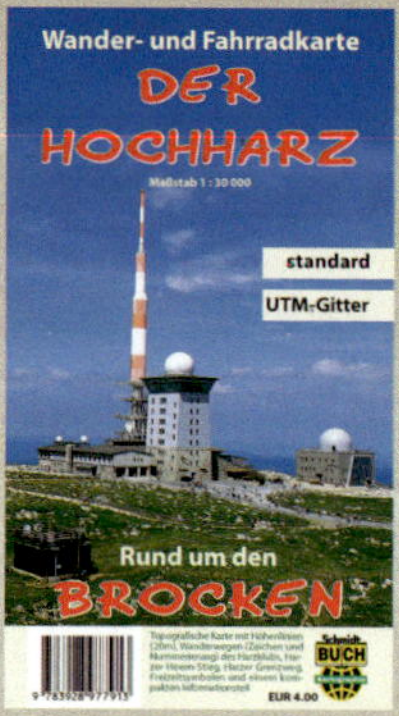

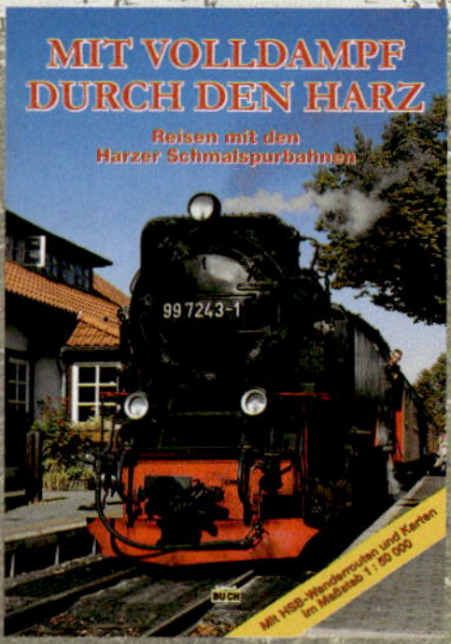

www.schmidt-buch-verlag.de

Besuchen Sie uns im Internet oder fragen Sie Ihren Buchhändler